Heibonsha Library

[増補]近代部落史

平凡社ライブラリー

Heibonsha Library

［増補］

近代部落史

明治から現代まで

黒川みどり

平凡社

本書は二〇一一年二月に刊行された平凡社新書を増補したものです。

目次

はじめに

近代は、ある種の人間平等のたてまえを前提として成り立っている社会である。明治維新により、欧米に後れて近代国家として出発した日本は、その平等のたてまえに沿うべく四民平等を宣言し、その一環として、一八七一（明治四）年にいわゆる「解放令」を発布した。ところがそのたてまえに反して封建的身分に基づく差別があり、それが今日に至るまで部落問題として存続することになったのである。

部落問題とは、近世における「えた」・「ひにん」等の身分の中でも、とりわけ「えた」身分に位置づけられた人びとに対して行われてきた社会的差別をいう。そうしてその差別された地域を、被差別部落あるいは未解放部落と称し、行政用語では同和地区という。同和地区という場合には、被差別部落の中でも一九六九年から実施された同和対策事業の対象地区に限られるため、本書では被差別部落、ないしはそれを略して部落という呼称を使用する。

被差別部落は、一九三五（昭和一〇）年に行われた中央融和事業協会の調査によれば、全国で、地区数五三六一、人口九九万九六七であり、総人口比は一・四四％であった。分布状況は地域によるちがいが大きい。すなわち圧倒的に西日本に多く、かつ西日本は一つの部落の規模が大きいところも少なくないのに対し、関東地方は地区数の多いところもあるが、総じて少数点在型である。

本書でも述べるように、部落差別は、結婚・就職をはじめ、被差別部落の人びとをとりまくあらゆる場面に発生してきた。そのような多様な面をもつ問題だけに学問的にアプローチする方法は複数あるが、本書は中でも歴史学からそれに迫ろうとするものである。

歴史学は、一見迂遠な方法のようではあるが、こと部落問題に関しては、その歴史を理解することはとりわけ重要な意味をもつと考えている。

なぜならば、先に述べたように、「解放令」に始まる近代においては社会の構成員が、そしてときには時の権力も、被差別部落の存在を巧みに利用することによって、部落差別を維持してきたのであり、その差別の根拠は、被差別部落の起源に求められることが多いという現実があるからである。「人種がちがう」「民族がちがう」といった誤った認識はもとより、そのような人種や民族のちがいを言い立てる起源論がまちがいであることを知っている人びとも、しばしば、「血筋がちがう」「一族の血がけがれる」「家柄がちがう」などのやはり当人の努力では変えることのできない出自に関わる理由をもちだし、とりわけ結婚において被差別部落出身者を執拗に排除してきたのである。

しかも、自治体が定期的に行っている部落問題をめぐる意識調査では、数年前までほぼ決まって被差別部落の起源について問う項目があり、そこでも地域差はあるものの、平均しておよそ一〇％前後が「人種（民族）が集まってできた」という選択肢を選ぶ現実が存在してきた。加えて、そこに掲げられている「貧しい人たちが集まってできた」「ある職業の人たちが集まってできた」といった選択肢も一定数の人が選んでおり、それらが、長年にわたり固定した集団を形作ってきたと考えられていることを意味するのであれば、「民族がちがう」という認識ともそう隔たりがないことになろう。

そうした認識が、たんに啓発が不十分であることから生じる知識の不足というだけでは捉えられないことも事実である。「解放令」以前に存在していた身分は、福沢諭吉が『福翁自伝』のなかで「門閥制度は親の敵《かたき》」と言ったように、いうまでもなく「生まれながら」の線引きであり、差別を欲する民衆は「解放令」によってそれが取り払われたことにより、それに代わる「生まれ」による線引きを求めていた。「生まれ」による差別は、たまたまその理由で差別を受ける側に生まれてこなかったものにとっては、自己を安泰に置く上で打ってつけであり、先にあげた「人種がちがう」などはいずれもそれに代わりうるものとして創造されたのである。

すなわちそうしたことを考えると、「人種がちがう」という認識は、誤りであることを半ば知っていながらも、自己を安泰に置くために意図的に保持されている側面も否定しがたい。そのようなありようも見据えた上で、なお「人種がちがう」といった認識が近代社会にどのように受容され定着していったかの考察も含めて、歴史を知ることは一定の意味をもちうると考える。

部落問題をめぐる今日の社会のありようは、制度的には存在しない差別を社会の構成員が支えているという点で、まさに「解放令」を起点とする連続線上にある。したがって部落問題の〈いま〉に迫るためにも、近代の歴史を振り返り、「解放令」以後の社会が被差別部落と部落外の間にどのような線引きをつくり出し、あるいはどのような理由付けによってその境界を補強し、部落差別を保持してきたのかを明らかにすることは重要であると考えられる。

冒頭でも述べたように、近代における部落差別の根源は封建的な身分制度にある。しかしながら、「解放令」から今日に至るまで約一四〇年間部落問題が存在してきたことを、たんに封建遺制だけで説明するのでは十全たりえないであろう。その間に社会は大きな変化を遂げており、その中で部落問題が存続しつづけてきたことを丁寧に考察していく必要があろう。そうすることによって、今日の部落問題に向き合う手がかりが得られるのではなかろうか。

そうした問題関心から、本書は、運動史や政策史ではなく、部落問題のありようを描くことを主眼に置いており、したがって運動や政策は最小限必要な限り述べるにとどめた。

その意図は、今なお消え去ってはいない部落問題に迫ろうとするものであり、そのような問題を内包してきた近代社会を問うことにある。

以下、時期区分に従い章構成を行っており、時代順に考察を進めていくこととする。

第一章　近代国家の成立と再編される身分

1　賤民身分の廃止

明治維新と「解放令」の発布

一八六七年、二六〇年余り続いた江戸幕府の支配もついに命脈が尽き、一五代将軍徳川慶喜は、政権を朝廷に返すことを申し出た。そして翌六八年、幕府は朝廷軍によって滅ぼされ、天皇を中心とする新しい政治体制がつくられていった。この一連の変革の過程を明治維新と呼んでいる。

一八七一（明治四）年八月二八日（旧暦）、明治政府は、「穢多非人等ノ称被廃候条自今身分職業共平民同様タルヘキ事」という法令を太政官布告として出して賤民身分を廃止し、以後、身分職業ともに平民と同様にするとした。これを、のちに「解放令」と呼ぶようになり、近年では「賤民廃止令」「賤称廃止令」といった呼称も市民権を得ているが、以下、本書では「解放令」と称する。

賤民身分の廃止を直接に推進したのは大蔵省で、八月二二日に原案を仕上げ、きわめて短期間で発布にまでこぎ着けた。賤民身分の人びとの居住地の一部は「除地《よけち/じょち》」として税を免除されており、転売の対象となりえなかった。そのため、一八七三年に着手されることとなる地租改正を目前に控えて、そうした例外をなくして統一的な税制を確立することが必要だったからである。地租改正とは、年貢収入を安定させ政府の財政的基礎を固めるため、農民が保有していた土地の所有権を認め、地価を定めて、それに対し一律の割合で地租を金納させるという改革であった。

身分制度を残しておくことは、このように近代的な改革推進の妨げになることが少なくなかったのである。

戸籍編成における平等思想——公議所における議論

賤民身分の解放をめぐる議論は、このとき突如として起こったものではなく、すでに幕末から諸方面で意見が表明されていた。また、賤民に位置づけられていた人びとの中からも解放を求める動きが起こってきており、一面でそれらに促されながら、明治新政府成立からまもなく、公議所（議案提出権をもつ議事機関）を中心に賤民制度廃止の議論が行われた。

そのきっかけになったのは、福知山藩（現京都府）議員の中野斎《いっき》による「里数御改定の議」

の提案であった。彼は、これまで「えた」身分の人びとは、駅逓《えきてい》（宿駅から宿駅へ荷物などを送ること）での賦役《ぶやく》（労役）や馬などの供出が免除されていたことから、人びとの居住地も街道の距離を測る計算から除外されてきたことを指摘し、今後距離計算の単位を統一するにあたって、それらの不都合を改めるべきことを主張した。地租改正の場合と同様、全国統一的な近代的制度をつくり出していくにあたり、「えた」身分を別扱いすることの不具合がさまざまな場面で明らかになってきたのであった。

これを機に賤民制度廃止の是非にまで議論が及び、松本藩（現長野県）議員内山総助は、「えた」・「ひにん」の家を照らす太陽や月、草木、水なども何ら分け隔てはないのだという意見を述べたり、のちに福沢諭吉らとともに明六社の一員となり啓蒙思想家として活躍する加藤弘之は、「えた」なども同じ人類にちがいなく、人として取り扱わないのは天理に背くことであるとする見解を表明した。これらは同じ人間であるという普遍的な平等観に根ざした考え方であり、とくに加藤の主張は、人は生まれながらにして基本的人権を与えられており、いかなる権力によってもこれを制限したり束縛したりすることはできないとする天賦人権論の考え方に拠っていた。しかし加藤は、その後この考え方を捨てて自由民権論と対決していく。

公議所が廃止されて議論がいったん終息した後、政府は、「四民平等」の考えに則った戸籍編製案と賤民身分廃止布告の草案を作成した。後者は、戸籍の記載の仕方との関わりから着手されたものであった。その中心となったのが渋沢栄一で、渋沢は、明治維新から数年間、民部大蔵省の役人を務め、のちに実業界で活躍したことで知られている。

渋沢や旧幕臣の杉浦譲《ゆずる》ら新たな戸籍法の作成に従事した人たちは、これまでの封建的な上下関係の考え方を否定して、天皇の下に皆が平等であるという「四民平等」の原則を戸籍においても貫こうとした。この草案は、渋沢個人にとどまらず、彼がいた民部省改正掛のメンバーたちにも共有されていたが日の目を見ずに葬り去られ、実際に成立した一八七一年の戸籍法では、賤民は戸籍には個々には載せられず、「えた」何人というように人数のみが記載されることになった（現実には、その直後の「解放令」によって賤民が廃止されたため、このような記載の仕方はされなかった）。

その後、賤民身分の廃止をめぐる議論は、先に見たように大蔵省の中でふたたび取り上げられ、「解放令」発布に至った。ただし、土地制度史の研究で知られる丹羽邦男が強調しているように、地租改正のために「解放令」が発布されたのではなく、四民平等のもとで人民が自主自由を実現することこそが国家的独立を保持しうると考え、そのための近代国家建設の一環として租税改正を進めていった過程で「解放令」を生んだのであった（丹羽「「解放令」と地租改正」、大阪人権歴史資料館編刊『明治維新と「解放令」』）。

ここで再度、「解放令」発布に至った直接の要因を整理しておくと次のようになろう。第一に、一八七一年の戸籍法は、身分別把握から地域別に人を把握する方法に転換するものであり、そのためには依然「臣民」として扱われず地域主義把握の外にあった「えた」・「ひにん」等の人びとを、一括して「平民」に組み入れる必要があったのである。一八七二年に編製された近代最初の壬申戸籍は、一部に「えた」・「新平民」などの賤称を記載したものがあるため、現在閲覧が禁止されている。壬申戸籍には必ずそうした賤称が記載されていると誤認される場合が少なくないが、それはその部分を担当した戸籍作成者の認識の誤りによるものであって、あくまで政府は身分の線引きを廃し、「平民」として同等に掌握し記載することを意図していた。

第二に、先に述べたように、地租改正によって統一的近代的な税制を確立する必要から、形式的な平等が必要とされたことである。

そして第三には、明治政府は廃藩置県により士族解体と、士族という族籍と職業の分離を意図しており、その一環として賤民身分の解体も考えられていたことがあげられよう。

〝解放〟の喜びとケガレの除去

いうまでもなく「解放令」が発布されたことは、被差別部落の人びとにとって大きな喜びであった。被差別部落からなる大阪府西成郡渡辺村（現大阪市浪速区）では、「平民」になれたことを祝うために、翌七二年の神社の祭に絡めて村中の人びとが太鼓を出して踊り、そのあまりの喜びように、周囲から人びとが見物にやってくるほどだったという。

また安濃津《あのつ》県（現三重県）は、「解放令」発布の翌九月、「えた」は「平民同様」になるために、家内を清掃し、川で身を清め、氏神に参詣し、これまでの火を消して神前の火を持ち帰るべきこと等を指示する布達を出した。度会《わたらい》県（現三重県）も一〇月に、朝熊《あさま》村に同様の布達を出している。わざわざこのような布達が出されたのは、「えた」身分に対して、けがれた存在とみなす根強い差別意識が人びとの中で支配的であったからにほかならない。

それゆえに、「解放令」を実質を伴ったものにするためには、被差別部落の人びとと自らが伊勢神宮に参拝して身を清めたり、旧「えた」身分と結びついた皮革業などの仕事をやめたり、あるいは服装や生活習慣を〝改善〟して、部落外の人びとと同じに見なされるための努力をしなければならなかった。

同時にここで見落としてはならないのは、政府が、それを履行することを条件に「平民」に組み入れるという指示を出したということである。それは翻ってみれば、ケガレは祓えるということであり、差別の根拠が薄弱であることを意味するものにほかならない。そうであるがゆえに、差別を維持するためには、旧身分やそれに纏わるケガレに代わる新たな差別の徴表が求められていくのであった。

「旧習」=差別の維持

封建制度が動揺する中で、「解放令」発布前後から、すでに「えた」とそれ以外の村民との間の確執や、「えた」の経済的な困窮を示す記録が散見されているが、「解放令」後、身分とともにそれと表裏一体の職業をも失った被差別部落の人びとの混乱と困窮が、いっそう深刻になったであろうことは想像に難くない。

現兵庫県のある被差別部落では、「解放令」後、百姓をするように仰せつかったが、そればかりでは生計を立てるのが難しく、差別がなくなったとはいえ、もはや「乞食非人同様」の者も見られると報告されている。また、被差別部落の住民一同で、今後は部落民の徴表とされるような履物製造、斃牛馬処理、皮革業などに従事しないという取り決めを行ったところもある。しかし、現実には生活の糧を確保しなければならないために、それらの仕事を継続したところが多く、そのような取り決めを行った部落は、それらの仕事に従事する者が少数であるか、またはほかの生業もあってその仕事への経済的な依存度合いが低かったのではないかと考えられる。

被差別部落の人びとの〝同じ〟に見なされるための悲痛なまでの努力にもかかわらず、民衆の差別と排除は続いた。部落外の村で、わざわざ被差別部落民との交際をしないという取り決めを行ったり、また、風呂屋では被差別部落住民が入浴に来ると、ほかの客がいなくなってしまうために、風呂屋の店主から入浴を断られたり、部落外の子どもと同じ学校に通学することを拒否されて部落の子どもたちだけが通う学校に行かなければならなかったり、あるいは神社の氏子から排除される、などの差別は各地で日常行われていた。

しかし、そうした排除の実態が不当なものとして明るみに出るには、当事者としてそれを告発する被差別部落の人びとの意識の覚醒と、それを差別と認識しうるだけの社会の側の意識の成長が必要であり、そうした条件が整うのは、日露戦争後の大正デモクラシー時代の到来まで待たねばならなかった。

しかし、明治初年にもすでにそのような差別をめぐって、被差別部落と部落外の人びととの間に紛糾が起きることもしばしばであった。三重県の田村（現津市）で起きたそのような一件については役人が介入して、まだ「平民同様」になって日も浅いのだから排除されるのもやむをえないとして被差別部落の人びとを納得させようとし、それでも不満を表明する者があれば、むしろその方を取り締まるようにとの達しを出している。

一八七三年、同様の紛争に対して広島県が出した布達は、このように述べる。「御維新の御趣意にて民籍へ編入なし下されし有難さにあまへ、自己の程を忘れ、たかふりおこれるより、人々のにくしみをうけ、おりおり争論をおこし、遂に政府を煩はすこと恐多き事にあらすや」。

このように、部落差別をめぐる紛争に権力が介入する場合には、ほぼ決まって被差別部落の側が戒められた。政府は、「一君万民」理念の鼓吹と明治政府の「開明性」を内外に誇示するための一環として「解放令」発布に踏み切ったのであったが、いざ被差別部落と部落外の人びととの対立に直面すると、支配秩序を安定させるために、圧倒的多数派である部落外の人びとの意向を追認した。特に維新政権の基盤が不安定なこの段階にあっては、社会の秩序を維持することの方が、「解放令」のたてまえを貫くことよりも権力にとって緊要だったのである。しかしながら、差別を持続することに対してこのような権力の後押しがあったことは、その後も差別が維持されていった一因といえよう。

とはいえ、この段階ではまだ、近世までの身分に代わりうる、被差別部落の人びとを排除する新たな徴表はできあがっていなかった。もっぱら旧「えた」身分に属していたことと、近世から持ち越されたケガレ意識のみを拠り所に差別がなされていたのである。

「解放令」によって「賤称」も消去され、被差別部落の集団を指す正式の呼称がなくなったあと、差別を維持しようとする社会の側は、「旧えた」「元えた」「新平民」などといった呼称をつくり出し、「解放令」後しばらくはそれらが乱用されていた。それらはいずれも「えた」から「平民」へという身分を軸にしたものであり、すなわちいまだ旧身分、つまりかつて「えた」であったということ以外に差別の徴表が見出されてはいなかったことを示していよう。この点は、のちに述べる「特種（殊）部落」という呼称がつくられる段階との比較においても重要である。

近代警察の成立と「ひにん」の解体

旧「えた」身分の人びとは「解放令」後もこのような差別にさらされる一方で、旧「ひにん」身分は、「解放令」後どのような経過をたどって解体に至ったのか。その点を明らかにした研究はそれほど多くないが、「ひにん」身分の解体には、近代的警察制度の成立に伴い、「ひにん」が警察的機能から排除されていったことが大きく関わっている。

近代警察の成立とその地域社会での機能についての大日方純夫の研究によれば、近世の地域社会の中で警察的な機能を担っていた番非人・非人番などの「ひにん」は、新政府成立後も引き続きその仕事に従事していたが、一八七一年の「解放令」によって身分が解体されたのに伴い、その年の一二月、政府は統一的基準を定めて捕亡《ほぼう》を設けることに踏み出していく。維新後、軍務官（のち兵部省）のもとで各藩の藩兵や藩兵から選ばれた府兵・県兵が治安維持の最前線に当たったのに対し、日常的な犯罪の捜査・摘発を行うために各地におかれるようになったのが捕亡であった。

新たな基準による捕亡のもとでも、「ひにん」の生活維持という点を考慮し、実際に引き続き番非人・非人番がその任に当たったと見られるが、一八七四年三月には捕亡規則が定められてその職務が明確にされ、翌七五年には、捕亡採用に当たっての全国一律の施行方法が示されていった。

こうした新たな制度の導入に伴い、筑摩県（現長野県）では、従来は「いわゆる卑賤の者を雇っていたため、信頼にこたえ得なかったので、村内より特にその任にたえうる有能な者を人選し、新しい見地から再任命した」と『長野県警察史』（概説編）は記している。また大日方によれば、島根県では、身分とは無関係の募集をしたにもかかわらず、士族は捕亡を「賤職」と見なしてそれに就くことを拒否したり、他方、賤民身分に属していた者が応募しても、能力の適格性が満たされずに採用に至らないなどの事態が生じ、士族を説得してようやく定員を満たしたという（大日方『近代日本の警察と地域社会』）。

このように、近代警察制度が整えられていく中で、「ひにん」は解雇され、仕事を失い、「ひにん」という集団は解体していったと考えられる。この点について上杉聰は、「ひにん」の差別がおおむね今日の被差別部落に継続していないのは「ひにん」が真の意味で解放されたことを意味するものではなく、これまで居住していた川岸地や寺地内などから追われ、流民化し、もはや差別する指標さえ失われるほどに解体されたためであると指摘する。

ともかくもこうして「ひにん」という集団はおおむね「解体」されて可視化されなくなり、おもに近世において「えた」身分であった人びとが、その後の部落問題の中核を形づくっていくこととなった。なお、今日の部落問題につながっているのは、「えた」だけではなく、加賀藩の藤内、中国地方の茶筅、鉢屋などがある。

2 「開化」と「旧習」のはざま

「開化」の理念による差別の否定

明治初年には、旧賤民を差別する新たな根拠がいまだできあがっていなかったというだけではない。「解放令」発布とほぼ同時期の一八七一年の岩倉使節団出発の頃を機に、一八七三年から七五年にかけて最高潮に達した文明開化のもとでは、部落差別が遅れた古い慣習であるという意味の「旧習」ということばで表現されていた。つまり、差別という行為は「開化」に反することと見なされ、負の価値づけがなされていたのである。それは、文明開化の世の中にあって、差別はいけないことであるという認識が社会の中で共有されていたことを意味するものでもあった。

「解放令」の評価をめぐっては、研究書や中学・高校の歴史教科書の記述などでも、賤民が身分とともに生活の糧を喪失したにもかかわらず、明治政府は何の措置をも講じなかったことを指摘し、たんに一片の布告にすぎなかったと否定的に見る向きもある。しかしながら、

「解放令」とは身分の線引きをまったく消去してしまうというもので、特別の措置を講じることはその妨げになる側面もはらんでおり、「解放令」はその徹底を第一義においていた。「開化」の理念に支えられたそれは一定の効力をもっていたのである。

この時期には、文明開化を人びとに広めるための、「開化」を題名に冠したいわゆる開化本が数多く出版されている。たとえばその中の一つである西村兼文『開化の本』(一八七四年)では、「えた」を「異類」やけがれた存在とすることは「陋見」であり、文明開化の第一に大事なことは、貧しく賤しいとされてきた者を富ませ、卑しいとされてきた者を貴くすることであると言い切っている。横河秋濤『開化乃入口』(一八七三年)もまた、「えた」も「人類に相違もなし」と述べ、むしろ無理にそれを隔てようとする人こそ「天理人道」に背いており、「えた」と呼ばれても仕方がないとまで言い放っている。

たしかに、それらの「開化先生」たちに対しては、手のひらを返したように「旧習」を否定し、何の疑いもはさまずに西洋の文物にとびつく姿勢を福沢諭吉が批判しており(『学問のすゝめ』第一五編)、部落差別についても、その問題をどの程度自己を問い返しながら克服しようとしていたかという問題は残る。しかし、文明開化の風潮の中で、差別は文明化に逆行するものであるという負の刻印を与えられ、それを否定することに高い価値が与えられていたことの意味は大きいといえよう。

「開化」に向けての努力

被差別部落の人びとは、「解放令」が文明開化の一環として出され、「開化」の理念と不可分であったことから、自分たちも「開化」の民の一員になることで平等の処遇が得られると考え、そのための努力を行った。その一端についてはすでに述べたが、草履や草鞋《わらじ》などの履物を売りに行くときは、風呂敷に包んで外から見えないようにすることを取り決めたり、大酒を飲むことやけんか、博打などの賭け事の禁止などを申し合わせていた例もある。人びとは、周囲から自分たちがどのような眼差しを受けるかということに注意を払い、蔑まれないように、そして「開化」の民の仲間入りができるようにと、このような努力を行ったのであった。

日常の生活に至るまでの統制は、被差別部落の人びとに限ることなく、違式詿違《いしきかいい》条例という法律をつうじて広く各地で行われた。当時の人びとにとって、たとえば裸体で通りに出ることは不自然なことではなく日常行われていたことであったが、それを野蛮と感じる外国人の視線を気にして禁止された。風俗や生活のあり方は一見して外国人の目にとまるものであり、「文明国」であることを国内外に認めさせることを課題としている明治政府にとって、それを改めることは最も重要なことの一つであった。

被差別部落の人びとは、そうした流れの中で生活を「文明化」させることに加えて、差別の原因となるような風習や仕事をとりやめることに意を注いだのであった。

さらに、より積極的な方策として、子どもたちが通える学校をつくり、教育を受けることで「開化」の仲間入りを果たすことを目指した部落もあった。一八七二年、「国民皆学」の理念のもとに学制が発布されたが、現実には被差別部落では、村の中に学校があっても、そこに部落の子どもたちが通学することを部落外の人びとから拒まれて、独自に学校を設けなければならなかったり、そもそも通うべき学校がないまま放置されるということがしばしばであった。

長野県更科郡《さらしな》（現長野市）の被差別部落では、二年も前から就学の願いを出しているにもかかわらず放置されてきたことから、文明開化の世の中にあって自分たちの子どもだけが「文盲」となるのは困るので、すぐに就学を実現してほしいという嘆願書を出している。

「解放令」反対一揆

しかしながら、被差別部落の人びとのこのような願いや努力が、当時の社会に容易には受け入れられなかったことはすでに見たが、たとえば篠山県（現兵庫県）のある村では、自分たちにケガレがうつらないために、被差別部落住民は一切日雇い仕事に雇用しないこと、困窮した被差別部落の人びとが村にやってきても一切施しをしないこと、など九項目に及ぶ徹底した排除の申し合わせを行い、さらには、神社の氏子に加入させないこと、戸籍に「えた」と記して区別すること、などの嘆願を役所に提出している。このような差別は、各地で枚挙にいとまがなかった。

民衆は世替わりに期待を託していたが、明治維新によって為政者が交代しても生活はけっして好転せず、そのような中で、これまで身分制度によって自分たちと隔絶した存在であったはずの被差別部落の人たちのみがあたかも地位を上昇させ、自分たちと肩を並べる存在になりつつあると映った。それゆえ、従来からのケガレ感に加えて、そのことへの不安と恐怖から、露骨な排除の挙に出たものと考えられる。

そのような意識は時として、「解放令」反対を掲げて武器をもって立ち上がるという行為となって噴出した。今日、「解放令」反対一揆として知られているもので、学制・徴兵令・

地租改正といった明治政府の政策への反対と合わせて「解放令」取消が求められることもあり、それら一連の一揆をまとめて新政反対一揆と呼んでいる。新政反対一揆は、民衆に新たな負担を強いることとなった明治政府の政策への抵抗にちがいないが、その「旧習」復帰への願望は、一方でこのように差別の維持という要求をも内包しており、民衆意識を肯定的にばかり捉えることができない錯綜した複雑な側面を示している。

「解放令」反対一揆は、「解放令」が出てから一八七七年までの間に、現在明らかになったかぎりでは、西日本一帯で二四件起こっている。

岡山県の一揆では、被差別部落の人びとが部落外住民と同等のふるまいをしたとして、部落外の人びとから「解放令」以前の状態に復帰するよう要求されたが、それを拒否したことから襲撃を受けたものであった。この一揆で被差別部落の二六三戸が焼かれ、五一戸の家が壊され、さらに一八人の死者と一三人の負傷者を出した。

自由民権運動と部落問題

一八七〇年代は、「解放令」のたてまえが、文明開化の風潮の中で導入された天賦人権思想などによって支えられながら一定の効力を発揮しており、他方で民衆の「旧習」復帰願望が根強く存在し、その両者が交錯・拮抗している状態にあったといえよう。

ところが一八八〇年代になると、文明開化も退潮して後者が前者を凌駕し、入湯や小学校入学拒否などの日常の暮らしにおける排斥や、結婚からの排除も常態化していった。「家」制度が確立するのは一八九八年の明治民法成立においてであるが、伝統的な「家」観念は、それ以前から祖先崇拝や「いえ」永続への願い、そして血統・家柄への依拠といった形をとって民衆に受け継がれており、そのような中にあって被差別部落が家系から排除されるのが常であったことは想像に難くない。

そうした状況のもとで、開化の理念の拠り所になりえていたのは、自由民権運動であった。自由民権運動と部落解放運動とのつながりを示す事例は数多くはないが、一八八一年に福岡・熊本・大分の被差別部落有志が九州改進党に呼応して立ち上がり結成された復権同盟や、現在の東京八王子の被差別部落出身で、自由党員として多摩の自由民権運動を担った山上卓樹などが知られている。

山上は一八五五（安政二）年、八王子近傍の被差別部落に生まれ、明治初年に、明六社の一員として知られる中村正直の同人社で学んだのち、横浜でキリスト教の洗礼を受け、その後郷里に聖瑪利亜《せいまりあ》会堂を設立して布教活動を行い、二八歳のときに自由党員となる。先に述べた被差別部落児童の通学拒否はこの地域でも行われており、それへの対処として山上は、排除された子どもたちが学ぶ場を提供すべく聖瑪利亜会堂において天主堂学校を開設したのであった。山上は、こうした差別を経験せねばならない被差別部落出身であったがゆえに、神の前のすべての人の平等を説くキリスト教に心惹かれていったのだと沼謙吉はいう（「山上卓樹・カクと多摩のキリスト教」『山上卓樹・カクと武相のキリスト教』）。

ほかにも、日本自由党との提携を謳い、「第一平等ヲ主義トシ自由ヲ拡張セント欲ス」との主張を掲げて、一八八三年に高知県小高坂《こだかさ》村有志によって結成された平等会などの動きもあった。

そのような中で部落問題に対する最も透徹した視点を示したものとして、中江兆民の「新民世界」がある。一八八七年、大同団結運動に参加し保安条例によって東京を追われた兆民は、大阪府渡辺村に居住して翌年には『東雲新聞《しののめ》』主筆を務めた。「新民世界」は、そうした状況のもとで書かれ『東雲新聞』に掲載されたもので、兆民は自らを「渡辺村　大円居士」と称して被差別部落民の立場に置き、その地点から、貴族主義を攻撃しつつも差別を行う「平民」主義者の欺瞞性を喝破した。そうして「旧時の民」とは異なり最底辺に生きる「新民」こそが変革の担い手たりうるとしたのである。すでに見たように「新民」は被差別部落の人びとに対する差別的呼称の一つであったが、それをあえて用い、しかもそこに自負を見出すという発想は、「エタである事を誇り得る時が来たのだ」と謳った、のちの水平社宣言に見られる思想の先駆をなすものであったといえよう。

3 「異種」という眼差し

浮かび上がる貧困

一八八〇年代になって、文明開化に代わり、国家主義的な風潮が強まる中で、部落問題のありようも変化していく。

今日、私たちの暮らしに欠くことのできないものとなっている新聞は、一八八〇年代の後半に急速に発行部数を伸ばしていき、被差別部落に対する社会のイメージをつくり出す役割を果たした。それらの多くは被差別部落の人びとを「新平民」と称し、「野卑なる風習」や「頑固」であることをあげてあたかも特異な性質をもっているかのように描いたり、あるいは、爆弾を製造していた疑いがあると報道して恐怖心を煽るなど、差別意識を増幅させるものであった。

さらに、それに拍車をかけたのが、一八八〇年代初め頃から浮かび上がってきた経済的貧困と衛生問題であった。それらも新聞などでしばしば報じられ、しだいに被差別部落の人びとを差別する新たな徴がつくられていった。

被差別部落の経済的な貧困が注目されるようになった背景には、一八八一年から、薩摩藩出身の大蔵卿（卿は長官の意）・松方正義のもとで展開された、松方デフレと呼ばれる全国を襲った深刻な不況があった。それにより農産物の値段が下落し、困窮した農民は農村を離れて都市の下層民となったり、土地を手放して小作人に転落していった。被差別部落もそのような中で、貧民の多い地域の一つとして浮かび上がってきた。

京都のある被差別部落では、「細民」が悲惨な状態にあり、地方税などの免除を願い出る者が百五、六十名に及んでいると報告されている。また同じく京都にある、皮革業や履物で暮らしを立ててきた被差別部落では、幕末から明治の初めにかけてそれらの産業は潤っていたが、一八八〇年前後からしだいに衰退し、その三、四年後には惨状が甚だしくなってしまったと報じられている。同じころ、三重県のある被差別部落も、「貧者の巣窟」になっていると伝えられている。被差別部落は農地をもたず、小作や草履生産などで生計を立てているところも多かったため、いっそうその打撃は大きかったと考えられる。

それに加えて、一八七三年の地租改正によって、村の責任で年貢を納める村請制と呼ばれる制度がくずれ、連帯責任と助け合いのシステムが失われていったことも、貧民の存在を際立たせる一つの原因となったといえよう。

不潔・病気という徴

被差別部落が問題を抱えた地域として社会の注目を浴びるようになったもう一つのきっかけは、当時、たちまち死に至る急性伝染病として恐れられていたコレラの流行であった。日本でのコレラの発生は一八二二年が最初で、幕末の開国を機に、一八五八年、七七年、七九年と流行し、その後数年おきに九五年まで流行が繰り返された。

コレラの発生が被差別部落に特段多く見られたわけではないが、不潔な場所として被差別部落に警戒の目が注がれ、また、たまたま被差別部落で患者が発生すると、新聞は、あたかもそこがコレラ発生の温床であるかのように書きたてた。

コレラの流行が見られた一八八六年には、『朝野《ちょうや》新聞』は、「コレラの猖獗《しょうけつ》を逞しうするに当り其根本は重に不潔人民の群衆せる所にあるを以て旧穢多等の居住する町村は向後最も清潔にすべき方法をたてざるべからず」と記し、こうした報道をつうじて、コレラの発生場所がほとんど被差別部落であるかのような印象が、人びとの間にゆるぎないものとなっていった。

フランスの研究者ジュリア・クセルゴンによれば、フランスの一九世紀の衛生学者は、「怠惰、痴呆化、悪意、盗みなどの悪徳が好んで住みつくのは、不潔な村や農家である。清潔さの欠如は肉体の純潔にとって害があるばかりでなく、心の純潔にとっても有害である」（『自由・平等・清潔』）と説いたというが、同様の状況が一九世紀終わりの日本社会においてもすでに存在しており、不潔であることが「悪徳」という性癖を連想させ、それが被差別部落に対する差別意識を支えていったと考えられる。

警察を中心とする国家の主導によって「衛生」という観念が広まり、しだいにその徹底がはかられていったことも、経済的困窮によりそれに対応できない地域が取り残され、不潔な空間としてあぶり出されていく結果をもたらした。一八七六年、内務省（一八七三年、殖産興業と行政警察を柱として創設）に衛生局が誕生したことは、まさに、江戸時代までの〝養生〟から〝衛生〟の時代への転換を示すものであった。

こうして、貧困であり、またそれゆえに不潔で病気発生の源であると見なされる被差別部落には、身分に由来するこれまでの線引きに加えて、近代社会の中で差別を持続させていくための新たな徴が与えられていった。しかもそれが〝地域〟という把握の仕方によるものであったことは重要である。

ただしそれらの貧困、不潔、病気の温床という徴は、必ずしも被差別部落だけに固有のものではなく、下層社会一般に注がれる視線と重なり合うものであった。貧民窟の探訪記などと銘打って登場する都市スラムなどのルポルタージュは、「文明」という視点で、スラムを自分たちの暮らす空間とは隔たった「暗黒」の世界と見なした。そこにはしばしば被差別部落が含まれており、被差別部落もまた「われわれ」とは別世界の空間として興味本位の目が向けられ、蔑まれたのである。東京・横浜や大阪などの都市では、被差別部落を核に人の流入によってそれが拡大してスラムがつくられていたり、両者が地続きであったりする場合が多く、必ずしも両者の境界は明確ではなかった。

「普通日本人」との境界

しかしながら一般に下層社会の場合には、経済的貧困から脱してその社会を離れれば、差別的な視線から逃れることは可能である。それに対して被差別部落の場合は「生まれ」によって決定づけられた要素がついてまわった。「解放令」後の近代社会にあっては、ケガレも確固たるものではありえず、それゆえ「元えた」という線引きを維持するために、それに代わる、ないしはそれを補強するものとして「異種」という徴が与えられていくこととなった。

近代国民国家の成立期にはナショナルな意識が高揚し、日本／日本人の境界への関心が高まった。そのような状況のもと、一八八四年一〇月に人類学会（八六年東京人類学会と改称）が成立し、そこに集った人びとはアイヌや琉球の人びとに目を向け、それらとともに、地理的には日本の内部にありながら容易には「内部化」されずにある被差別部落にも目を注いでいった。先に述べたように、被差別部落が貧民問題の一環として可視化されつつあったことは、人類学者たちが被差別部落を〝発見〟する一因にもなったにちがいない。

人類学会の機関誌『東京人類学会報告』には、箕作元八「穢多ノ風俗」第六号（一八八六年七月）を嚆矢として、藤井乾助の「穢多は他国人なる可し」（第一〇号、一八八六年一二月）、金子徴「エッタハ越人《エツド》ニシテ元兵ノ奴隷トナリタルモノナル事及ビ其他ノ事ドモ」（第一三号、一八八七年三月）などが掲載されており、人類学会の中で被差別部落起源論は重要な関心事の一つとなっていた。人類学者たちが起源を論じる際に依拠しているのは、神話や歴史書に基づく不確定な近世以前からの〝学説〟と、もう一つは容貌などの外観上の特徴であり、そこにはあえて「普通日本人」との差異を見出そうとする態度が見てとれる。彼らにとって被差別部落民はこれまで自らの視界には入らなかった「他者」であり、かねてから存在していた朝鮮人起源説を継承しながら、その上にしだいに「異種」であることを際立たせる徴表が重ねられ、「他者」性が強調されていくこととなった。その「他者」性とは、おおむね西洋的な「人種」概念に由来するものではなく、江戸時代に見られた貴賤の別による種姓観念や、幕末に高まった攘夷意識などと結びつきながら形づくられている曖昧模糊としたものであった。しかし、藤井が「えた」を「他国人」といい、金子が自らを「普通日本人」と称するように、茫漠とした基準ではあれ、そこに「日本人」との境界を見出していたことは重要である。

鳥居龍蔵による生体計測

それらよりややあとに、人類学による学知に基づきながら、「科学的」な装いを纏って被差別部落起源論に接近したのが鳥居龍蔵であった。鳥居が行った被差別部落調査は、少なくとも、一八九七年と九八年の徳島県と兵庫県の二件あり、それらは被差別部落の初の「人類学的調査」として注目を集めた。そもそも日本人の生体計測は、江戸末期から明治初年にかけてヨーロッパ人により始められた。生体計測、生体観察、頭骨の研究を総合して日本人の系統を論じたのは、一八八三年のE・V・ベルツ『日本人の身体特性』(独文)が最初で、鳥居の「飛濃越地方人民の頭形」(一九〇五年)が地域差という観点から生体計測値を比較した初めての研究であって、昭和年代に入り、日本人の生体計測が全国各地で実施されるようになった。

それを報道した新聞によると、その調査を通じて鳥居は、骨の形や髭の生え方、目の形などから、マレー諸島、ポリネシシャン島の原住民である「マレヨポリネシヤン」種族に似ており「蒙古人種」ではない、と結論づけた(この二件の調査については、『鳥居龍蔵全集』全一三巻＋別巻、朝日新聞社、一九七五―七七年には記載がない)。

彼の主観的意図は、自らも「決して普通人に見ざるが如き特別なる形式を具へたるものには之無候」と述べているように、むしろ「穢多」も「普通日本人」であることを主張しようとするものであった。しかし、鳥居の兵庫県での調査について『日出新聞』(一八九八年二月)は、鳥居のそうした日本人種論の前提を付記することなく「マレー諸島、ポリネシヤン島の土人「マレヨポリネシヤン」種族に比するに尤も酷似し絶へて蒙古人種の形式あらずと云ふ」と報じており、読者の多くは、被差別部落民を「普通日本人」ではないと受けとめたであろう。

加えて鳥居の学説それ自体、「普通日本人」であるにしてもなぜ「蒙古人種」との混交が否定されるのか、人種の序列階梯で「蒙古人種」よりも下位に位置づけられる「マレー系」とされることはどんな意味をもつのか、といった問題を内包している。また、生体計測をされた被差別部落民は、調査者にとって個々の顔を持たない〝対象物〟に過ぎず、それはしばしば従来の人類学が孕む問題として指摘されてきた、「文明」の側に身を置く学者と「未開」住民という関係とパラレルである。

この調査については、鳥居自身、師の坪井正五郎に宛てた書簡で、「未だ何とも申上兼候へども」と断っているように、被差別部落の起源についての結論というには性急に過ぎ、一つの着手の試みに過ぎなかった。にもかかわらず、それが新聞に報じられ、しかも「理学的」と称される数値の〝裏付け〟を伴った方法であったことにより、多くの社会的関心を集めたことの重大さを考えなければならないだろう。

この点については、関口寛が明らかにしているように、和歌山県の被差別部落で融和運動を起こしたことで知られる岡本弥は、被差別部落民が「劣敗民族」と見なされることを気にかけ、鳥居に調査結果を照会したといい、またのちの菊地山哉や佐野学らの研究にも直接間接に受容されていったのである（関口「初期水平運動と部落民アイデンティティ」）。

「遺伝」と「修養」

そうした「人種」による起源の再定義は、新たに「修養」や「習慣」という改変可能な要素が見出されて修正が加えられていった。福沢諭吉門下として知られる高橋義雄『日本人種改良論』（一八八四年）に見られる「遺伝ト習養トハ互ニ因果ヲ相為スモノナリ」（傍点原文）という見解や、柳瀬勁介著（権藤震二補）『社会外の社会穢多非人』（大学館、一九〇一年）がそれで、柳瀬は、被差別部落民も「同等の人間」であり「天性」に変わりがないことを強調しながらも、現実に差別をする側・される側双方が身につけてしまった「習慣」が差別を乗り越え難いものにしており、それを先哲の言葉を借りて「習慣ハ第二ノ天性」と表現した。その障壁の高さゆえに、差別から逃れる途を移住に求め、自らも台湾に総督府の役人として赴任し、被差別部落の人びとを台湾に移住させようと考えたのであった。

このように、生物学的差異をも伴った「人種」のちがいを否定し、被差別部落と部落外の間の境界を乗り越えることのできる要因が見出されていったが、しかしそれらの主張の多くは、他方で「遺伝」とは一線を画しているはずの「習慣」それ自体をも改変困難なものと見なし、「習慣」もまた「人種」に準ずる境界としての機能を果たしていくこととなった。

こうして社会の側は、被差別部落を排除し、それ以外の人びとが安泰を得るための、封建的身分制度の代替としての十分な機能をもった「人種」という標識を獲得していった。

4 「家」／地方制度の成立と排除される被差別部落

町村合併における排除

農村部にある被差別部落の場合は、部落のみで独立村をなしていることもあるが、おおむね部落外と共に一村を形成しており、同じ行政村の中で日常生活が営まれていた。したがって、都市スラムのように「われわれ」とは隔絶した世界としての好奇の眼差しが注がれるのとは状況を異にしており、被差別部落と部落外との間には一定の経済的な格差があったとしても、被差別部落の人びとに何か特別な徴があるわけでもないことは重々分かっていたことであった。しかし、それだけにまた、被差別部落の人びとと同じに見なされることを忌避し、それゆえに境界をつくり出そうとする意識は、部落外の住民の中に強固に存在した。

その一端は、町村合併の際にも現れることとなった。

一八八八年、市制町村制が公布され、翌年からそれに基づいて江戸時代以来の村を合併し、より大規模の町村がつくられていった。合併にあたり内務省は、一つの町村は三〇〇戸以上を標準とするが、それより小規模でも場合によっては一町村として独立がありうるとの原則を内々に提示し、その例外の一つに、「旧えた村にして他ノ町村との平和の合併をなし得ざるもの」をあげている。つまり旧えた村であることを理由に周囲の町村が合併を拒む場合は、あえて「解放令」の原則を徹底させようとするよりも、合併をめぐるトラブルを避ける方が得策との判断が示された。たとえば、三重県飯南《いいなん》郡鈴止《すずとめ》村（現松阪市）と安濃《あのう》郡塔世《とうせ》村（現津市）は、いずれも被差別部落のみからなる村で、そうした政府の方針を受けた県の差別的な対応の結果成立したものであった。

鈴止村は、矢川・東岸江・西岸江の三村の合併によるものであったが、原案では、矢川村は港村に組み入れられ、東岸江・西岸江両村は、他の村を合わせた七か村で鈴止村を構成することになっていた。ところが、おおむね被差別部落の人びとからなるこの三村に対しては、他の村が「人情風俗総て異なり候につき、これを合併するは不都合」として拒否したため、矢川・東岸江・西岸江の三村のみで鈴止村が誕生することになった。

合併の対象とされた被差別部落外の村民は、被差別部落には「極貧困者」が多いと考えてそれを厄介視はしていたが、彼らが特に拒んだのは、同じ学区になることであった。学区が同じであるのは「民情」に適さないとし、それでも同一学区にするのであれば、別に被差別部落に分教室を設けるよう主張した。全国各地でも被差別部落の児童は学区から排除され、「部落学校」などと呼ばれる「分教室」で学ばなければならなかった例は少なくなかった。このような部落外住民の強い忌避の感情に直面して、被差別部落のみをまとめて一村をつくるという選択がなされ、その結果誕生したのが鈴止村であった。

鈴止村は、一九〇九年の村の記録では村財政が破綻に瀕しており、尋常小学校に通う全児童を収容できる校舎ももてず、しかも各クラスに一人の正教員を充てることすらできない状態に陥っていた。しかしながら貧窮者が多いため住民は戸数割(独立の生計を営む者に賦課した市町村の特別税)を納めるのが精一杯で、これ以上に税を課されることは耐えられないという状態であった。このような状態にあったにもかかわらず、鈴止村はその後も独立村として放置され、ようやく松阪町に合併されたのは一九二〇年のことであった。

一八九八年、民法が制定されて「家」制度が定着し、以前にも増して「家」意識が民衆のあいだにも浸透していくこととなった。以下に述べるのは、そうした「家」意識を背景に起こった結婚に関わる差別事件で、婚姻取消請求控訴事件と呼ばれている。

一九〇二年、広島に住むある夫婦が不仲となり、広島地方裁判所に女性が婚姻取消請求を行った。離婚を求めるに際し妻は、夫が結婚前に、実家は血統正しく明治維新前に苗字帯刀を許されていた古くからの豪農であるといっていたが嘘で、実は夫は被差別部落の出身であることを知り、夫もそのことを認めたのでそれを婚姻取消の理由にし、広島地裁も婚姻取消を認める判決を下した。夫は不服として控訴したが、原判決が支持され控訴は棄却された。棄却の理由として、広島控訴院は次のように述べた。

そもそも旧えたは、古くから最も卑賤の一種族とされ、一般人民と肩をならべることのできないものにして、明治維新後、えたという名称を廃せられ、一般人民と同等の地位に立たしめられたが、因襲の久しき今日に至るまで、旧えたと婚姻を交えるのを嫌忌するのは、旧えたでない者の普通の状態であることは明らかな事実である。

したがって、反証がない限りは、被控訴人もまた控訴人が旧えたの家に生まれたことをよく知っていたら、控訴人とは結婚しなかったにちがいないと推定される。したがって、旧えたの家に生まれた者でありながら、その事実を告げなかったばかりでなく、実家は維新前より苗字帯刀を許されてきた血統正しい旧家豪農であると称することは、詐欺であることを免れない。（『法律新聞』一九〇三年三月一六日、原文を現代語に書き改めた）

「解放令」発布から三十余年が経ったにもかかわらず、部落差別をするのは「普通の状態」であることを理由に、それを追認するこのような判断が裁判所によって下されていたのである。

そしてこの棄却理由は、人びとの意識を追認したものであるだけに、そこから当時の部落問題のありようを垣間見ることができよう。すなわち、血統、あるいは由緒の正しさを誇りとする「家」意識に囚われながら、自分の「家」の格を維持しようとする人びとにとって、被差別部落出身者との結婚を拒むことは、「普通の状態」なのであった。また、被差別部落出身であるその男性も、自分の「家」を「血統正しい旧家豪農」と称して、社会に共有されていた家格の序列に抗うのではなく、その中で生き抜こうとしていたことが見てとれる。

「家」意識の浸透

産業社会のもとで個々人が競争にさらされていく中で、それとはちがった基準による、「生まれながら」の「家」というランクづけが意味をもったのは、学歴や仕事の上での競争で必ずしも優位になりえなくとも、家格で他を見かえすことのできた人びとにとって、それが、自己のアイデンティティを保つ重要な拠り所となりえたからである。〝貴〟を体現する天皇家を頂点に、その序列の末端に置かれたのが被差別部落であり、その序列化の中でも被差別部落と部落外のあいだの連続性は断ち切られていた。

ちなみに明治政府は、一八八四年に華族令を制定し、これまでの公卿（公家）・諸侯（大名）に加えて、明治維新に功労のあった者に公・侯・伯・子・男の爵位を与え、華族の範囲を拡大した。このように、政府は、四民平等に逆行する新たな特権身分をつくり出していった。

やや時代はあとになるが、一九一八年の奈良県の被差別部落調査の記録に部落外と部落内の婚姻数が記されており、七二部落、三万三五四六人について調べたところ、被差別部落同士の婚姻が四〇四八に対して、部落外との婚姻は四三と全体の約一％にすぎなかった。この数字からも明らかなように、被差別部落の人びととの結婚は当時の部落外の人びとにとって、「ありうべからざること」というに等しい状況であった。

大倉桃郎『琵琶歌』は、部落問題をテーマにした作品で、日露戦争が終わった一九〇五年に刊行された。それは次のような筋書きからなる。主人公荒井三蔵の妹里野は、恋愛の末、被差別部落外の武田貞次と結婚するが、やがて舅が里野に性的関係を迫っていたことが姑の知るところとなり、姑はそのような行為に走った自分の夫への怒りを、すべて里野が部落出身であることに転嫁させて解決をはかろうとする。姑は、「此家は人間の住居だから畜生なぞは置く事は出来ないのだから」と里野を罵り、里野は貞次と別れてふたたび兄三蔵のもとに帰らねばならなかった。

姑のこのような惨い仕打ちに対して、貞次も親の前にはまったく無力で抵抗する術を知らなかったのであろう。それゆえに里野は貞次を想って精神の病に陥り、三蔵も日露戦争で軍人として戦功を立てて、立派な「帝国臣民」になることしか差別者を見返す途はなかった。「人間」ではない「畜生」として婚家から追い出されるという筋書きの背後には、被差別部落の人びとに対する、執拗なケガレ観・賤視観があった。しかし姑は、自分の夫が里野に性的関係を迫ったことを知るまでは里野を「嫁」として受け入れていたのであるから、そのような感情は里野個人に付随しているものではなく、被差別部落出身という里野の「出自」ゆえに、ひとたび好ましからざることが生じたときに、にわかに頭をもたげるものであった。

それは、その執拗さとは裏腹に内実がきわめてあいまいであり、それゆえにこそ「畜生」という言葉が選びとられたものと考えられる。しかも結婚解消という岐路において、「家」制度のもとで当人同士の自由意思が阻まれていたことが、部落差別を打ち破っていく上で大きな障碍となっていたことが見てとれよう。

明治時代後半の被差別部落認識――『破戒』から

『琵琶歌』とほぼ同じ時期に世に問われ、多くの人びとに読み継がれてきた部落問題をテーマにした作品の一つに、一九〇六年に発表された島崎藤村の小説『破戒』がある。『破戒』は、信州の被差別部落に生まれ、師範学校を出て尋常小学校の教師となった瀬川丑松という人物が主人公で、長らく議論があったように、この作品に反映された藤村の部落問題の捉え方には、今日から見れば考えるべき問題点が含まれている。しかし、他方でまたそうであるがゆえに、この小説は当該時期の部落差別のありようを如実に映し出してもいる。たとえば次の場面は、これまで見てきたような「人種がちがう」という認識がすでに社会に定着していたことを示している。

被差別部落出身であることを隠して小学校教師となった丑松の同僚のあいだで、丑松が部落出身ではないかとの噂が立ちはじめ、師範学校時代からの友人である土屋銀之助は、丑松が部落出身であるとはまったく知らずに、丑松をそうした嫌疑から守るために噂を否定し、次のように述べる。

「僕だっていくらも新平民を見た。あの皮膚の色からして、ふつうの人間とは違っていらあね。そりゃあ、もう、新平民か新平民でないかは容貌《かおつき》でわかる。それに君、社会《よのなか》からのけものにされているんだから、性質が非常にひがんでいるサ。まあ、新平民の中から男らしいしっかりした青年なぞの産まれようがない。どうしてあんな手合《てあい》が学問という方面に頭をもちあげられるのか、それからしたって、瀬川君のことはわかりそうなものじゃないか」。

その会話のなかにいた別の教師も、「穢多には一種特別な臭気《におい》があると言うじゃないか――嗅《か》いでみたらわかるだろう」と言って、「まぜ返すようにして笑った」という（島崎藤村『破戒』岩波文庫、一九五七年）。

この会話の前提となっているのは、被差別部落の人びとには、傍目に判る身体上の特色があるということであり、それはまさに「まぜ返すようにして笑っ」てすませることができるほどに自明のことなのであった。

ちなみに藤村自身は、すべての被差別部落の住民にそのような身体的な特色があるとは見なしておらず、被差別部落の人びとはhigh class（上層）とlow class（下層）に分けることができ、前者は容貌や性癖・ことば使いなどなんら変わるところがないのに対して、後者は顔つきや皮膚の色が異なっており、他の「種族」とは結婚しないと、『破戒』執筆後に記していた（「山国の新平民」一九〇六年、『藤村全集』第六巻）。『破戒』に登場する猪子蓮太郎や丑松は前者に該当し、low classが、銀之助いうところの「新平民」像にそのまま重なりあうものであった。それでは身体上の特色を有したlow classの「新平民」も文明化すればその徴が取り除かれるのか、という疑問も湧き起こる。しかし現実には、外観上は同じであるはずのhigh classの人びとも、執拗な詮索をしてまで「血筋」が問題にされ、その「身の素性」によって排除される。それゆえに丑松は、「えた」という「卑しい階級」でありながら国語や地理を教えていたことを、受け持ちのクラスの子どもたちの前で土下座をして詫び、教壇を去らねばならず、しかもアメリカのテキサスに渡るという選択肢も仄めかされることとなったのである。

5 〝同じ〟になることの希求——部落改善運動の生起

被差別部落指導層の台頭

一八八〇年代から九〇年代にかけては、被差別部落の中から部落の上層部が発起人になって、風俗・生活習慣を改める運動が起こってくる。自らに向けられた異種・不潔・病気の温床といった社会の視線を覆そうとするものであり、それらは部落改善運動と称して知られてきた。

部落改善運動が勃興してきた背景には、一つには、すでに見た松方デフレ以後の経済的困窮によって、風紀の退廃が顕在化し問題視されるようになったこと、その一方で没落した農民の土地を集積して地主として成長したり、あるいは旧来型の部落産業に代わる新事業によって経済的地位を確立した新たな指導層が台頭してきて、被差別部落内の階層分化が進んだことが挙げられる。

たとえば、馬原鉄男が三重県阿山郡城南村（現伊賀市）の研究において示したように、城南村の被差別部落では、明治初年以来の皮革経営が明治三〇年代から四〇年代にかけて没落し、その経営者は寄生地主（田畑などを小作人と呼ばれる農民に貸し、小作人が支払う小作料という地代に依存する者をいう）に転身したが、皮革経営に依存しながら麻裏草履・雪駄・下駄表・鼻緒作りなどの伝統的部落産業に従事してきた大半の被差別部落の人びとは、土方、ボロ買い、くず拾い、そして時には物貰いなどでようやく糊口を凌ぐという状態に陥っていった。それに代わって近代的機械設備と分業形態を採り入れて洋靴製造を行ってきた経営者が急激に上昇を遂げ、一九〇四年、改栄社を設立して風紀改善に乗り出し、同時に傘骨削りや経木真田編みの新事業を導入していく。そのような新たに台頭してきた部落の指導層にとっては、部落内での自己の支配的地位を安定的に確保していく上で、弛緩した風紀を改め、部落内の秩序を立て直すことが緊急の課題であった（部落問題研究所編『部落産業の史的分析』）。

差別の徴の払拭をめざして

いま一つは、先に見たような不潔・病気・異種といった被差別部落に向けられる外側からの視線が、そうした上層部の人びとにはことのほか鋭く意識されたことである。貧困から生じる不潔・病気といった徴は、経済的に恵まれていた人びとにはおおむね当てはまらず、彼らは、中・下層の人びとが抱えているそれらの問題こそが自らをも差別的境遇に貶めている原因であると認識していたにちがいない。

「開化」という武器が効力をもちえていた段階では、部落差別を「不開化」として断罪する言説が存在していたが、文明開化も終焉を迎え、「開化」実現による差別からの解放という構想自体が展望を失っていく中で、それに代わるものが、文明化に立ちおくれた集団という部落に付与された標識を取り払い、その周囲に築かれた境界を不可視なものにするという方法であった。

とりわけ町村合併の際に排除された被差別部落では、その排除の経験が部落改善運動を起こす引き金になった。

先に見た三重県鈴止村で「鈴止村大字矢川規約書」がつくられたのは、町村合併後まもなくの一八八九年六月であった。鈴止村の村長は村民から選出されるのではなく、つねに隣接の松阪町から選出されており、したがってこの規約書は、町村合併の際に顕わになった被差別部落に向けられた周辺住民の差別的視線を意識してその原因を除去するために、村長をはじめとする村の支配層が関与して作成されたものと思われる。

規約の内容は、衛生・入寄留《いりきりゆう》（村に入ってきて居所を定めること）・獣皮製造に関することなど生活の細部に及んでおり、特にごみや獣肉類など周囲から汚いと見なされたり悪臭の原因になるものを村内から葬り去ることに重点が置かれている。そのことは、矢川の人びとにとっては、これまでの生活習慣に対して「悪習」との烙印を押され、それを改めるために生活内部への権力の介入を許し、監視の網の目に捕えられていくことをも意味した。

そのような内省的な運動ばかりではなく、一九〇二年には、岡山県で県内の部落改善運動のリーダーを結集するべく備作《びさく》平民会が立ち上げられ、被差別部落の風俗改善と共に、「外に向て其反省を促」すことが掲げられた（「備作平民会設立の趣旨」）。発起人となったのは、一八七三年、岡山県の被差別部落に生まれ、小学校での被差別体験などをバネに、自由民権運動の洗礼を受けながら部落改善運動に立ち上がってきた三好伊平次という青年であった。三好はその後、岡山県庁、内務省社会課を経て中央融和事業協会（後述）に入り、全国的な融和運動を支える一人となった。

三好は、さらに全国的組織への発展を志し、折から同年、西本願寺布教師が起こした差別事件への抗議運動を引き金として、翌一九〇三年、大阪で大日本同胞融和会と称して全国の部落改善運動の指導者を結集し、依然、部落内部の改善を併存させながらも、社会の差別に抗議する企てを行った。しかし、まもなく日露戦争が始まったため活動を停止したまま、運動は潰え去った（白石正明「明治末期における部落改善運動の二つの道」『京都部落史研究所紀要』第一号）。外部の反省を求める持続的な運動の出現までには、さらに年数を要した。

第二章　帝国のなかの部落問題

1 部落問題の「発見」——部落改善政策の開始

日露戦争と地方改良運動

前章で見たように、一八八〇年代半ば頃から部落問題がしだいに社会問題として浮上してきていたにもかかわらず、政府はあくまで「解放令」が謳った「穢多非人等」の身分に由来する区別はなんら存在しないという姿勢を貫いたともいえる。それゆえに対策はいっさい講じられないままに放置されていた。それに政府が手を着けるようになったのは日露戦争後のことであった。

一九〇四年から翌〇五年にかけて行われた日露戦争は、日本の辛勝であり、賠償金を得ることはできなかった。日本は、ロシアに勝って「一等国」の仲間入りができたと歓喜に沸き立ったが、一方でそれはますます列強国との軍備拡張競争に巻き込まれることを意味した。そのために必要な費用は、日清戦争のときと異なり賠償金がないため、もっぱら増税で賄わなければならなかった。そこで、増税で窮乏した農村を立て直すために政府が行ったのが、一九〇八年の戊申詔書の渙発を機に展開されることとなった、地方改良運動と呼ばれる全国的な国民統合政策である。納税組合や貯蓄組合をつくって民衆の税の滞納をなくし、風俗改良・思想「善導」(政府にとって望ましい方向に思想を導くこと)・国家意識の培養などを行うことがねらいとされた。

その中で被差別部落は、特に問題を抱えた〝地域〟としてあぶり出され、それを覆い隠すために否応なく政策が実施されることとなったのである。ゆえに部落改善政策は、政府が求めた税の滞納をなくすこと、就学率を上げること、風紀の改良といった点を補うという意味をもっていた。

義務教育年限が四年から六年に延長されたのは一九〇七年のことで、日清・日露戦争を経て産業も発達し、資本家側も読み書き算盤のできる労働力を欲するようになったことがその背景にあった。しかし、被差別部落に限らず、民衆にとって子どもは貴重な労働力であり、不就学・長期欠席は依然広範に存在しており、実質的な「国民皆学」が実現するのは第一次世界大戦期以後のことであった。それゆえ政府は、たんに修学年限を延長するだけでなく、就学率・出席率の上昇に意を払わねばならなかった。そのような要請にもかかわらず、被差別部落は貧困に加えて、学校に行っても教師や子どもたちから差別を受けるため、いっそう学校から離れていった例も枚挙にいとまがない。

部落改善政策の開始

部落改善政策を開始したのは全国の中で三重県が最初で、それは、日露戦争終結の年、一九〇五年のことであった。それが模範として内務省の政策にも採り入れられたことから、ここではまず三重県の事例について見ておきたい。

部落改善政策開始前年の一九〇四年に、内務省警保局長から三重県に知事として赴任した有松英義が、警察官僚として治安対策の観点から、貧民問題や部落問題に関心をもっていたことが、三重県における着手を促した大きな要因であった。ちなみに当時は、知事は選挙で選ばれるのではなく、内務省の官僚の中から任命された。

有松のもとで本格的に始まった三重県の部落改善政策は、竹葉寅一郎という人物を県書記心得（前知事古荘嘉門のもとで吏員心得）として採用し、竹葉のもとで進められていった。竹葉は、一八八六年愛媛県に生まれ、東京品川で煙草工場を経営して財産を築いた。彼は東京四谷バプティスト教会で受洗し、その信仰心から浅草区亀岡町の被差別部落に学校を設立することを思い立つが、周囲の反対で挫折した。そうした折に木曽・揖斐・長良の三大河川工事に伴う土地収用の問題で、当該地の住民を救済するために現地を訪れたことがきっかけとなり、三重県の部落問題と出会ったという。

竹葉は、一九〇八年に開設された県立感化院（現在の児童自立支援施設）国児学園の初代園長をも務めた。やはり有松のもとで犯罪防止の観点から計画されたもので、部落改善政策とともに全国の注目を集め、東京や奈良などからも視察者が訪れた。

監視と強制

部落改善政策を行うにあたって三重県が調査をし、それをまとめた報告書が『特種部落改善の梗概』（一九〇七年）という冊子である。それの冒頭には、①警察官による指導、②それを効果的に浸透させるための補助機関として部落改善団体を設置すること、の二つが基本方針として記されており、それに基づいて、部落改善団体やその規約などが現在わかっている範囲で県内二三の被差別部落に設けられた。

三重県の部落改善政策の特徴は、まず第一に、警察官主導型で、きわめて画一的に政策が行われていったことにある。なかでも、名賀郡（現名張市）の被差別部落につくられた自営社は、その典型例であった。それは、名張警察署長・郷田弥九郎が巡査・黒沢精一とともに郡内に設けたもので、八部落に各々一団体ずつ組織され、そのすべてが字名を冠して○○自営社と名づけられた。郷田は、自らその社長となってそれぞれの改善指導にあたった。

第二に、被差別部落住民に守ることを強いた規約の内容は、生活の細部にまで立ち入って干渉し、生活習慣・風俗の改良を促し、かつ密告の奨励や罰則規定などを設けたものであった。

折から前述の地方改良運動が展開されていく中で、三重県を「成功」例の模範として、全国各地で部落改善政策も始められていった。

しかしながらこの時期の部落改善政策は、ほとんど予算的裏づけもない精神主義的な運動にすぎなかった。被差別部落の経済的貧困という問題に手が着けられないかぎり「問題」とされた点が根本的に改善される見通しはなく、三重県のように、厳しい監視と強制の中で一時的に効果をあげたかに見え、その成功ぶりがたたえられた地域もあったが、長続きはしなかった。その原因は、政策自体を省みるのではなく、怠惰や道徳心の欠如などといった被差別部落の人びとの「性情」に求めて説明された。その際に、被差別部落の人びとの「人種」のちがいを言い立てることは好都合であり、以下に見るように、政策自体の矛盾を覆い隠すものとして、「人種がちがう」という認識が、部落改善政策の中で浸透していったのである。

『特種部落改善の梗概』と『社会外の社会穢多非人』

三重県がその冊子に「特種部落」という呼称を用いたことで、たんに呼称の域にとどまらず、その背後にある「異種」認識をも定着させることとなった。

『特種部落改善の梗概』には、祖先・人情及道徳・風俗と職業・衣食住・語調容儀・宗教・教育・衛生・前科者・改善規約という項目が立てられており、「祖先」という項目欄には、朝鮮半島からの渡来人、蝦夷《えみし》（大和政権に服属しなかった東北地方の住民）、北畠氏の臣下、落剥者《らくはく》（落ちぶれた者）らの集団が被差別部落の起源であると記されている。それに続く、「人情及道徳」以下の項目も、被差別部落の人びとをそれぞれの観点において「特種」と見なしているがゆえに設けられたものといえよう。「普通人」に対するものとして被差別部落の集団を「種族」と呼び、通常人間以外に用いる「繁殖」という語も使われている。それはしばしば侵略者が、先住民を「文明」という物差しで測定し、「未開」や「野蛮」な種族と見なしたのと同様の認識を感じさせる。

この『特種部落改善の梗概』は、第一章でも言及した、部落問題の解決策として被差別部落民の台湾移住を説いた書物として知られる、柳瀬勁介著（権藤震二補）『社会外の社会穢多非人』（大学館、一九〇一年）と、実は構成や内容が驚くほど似通っている。

柳瀬は、一八六八年、筑前（現福岡県）植木に生まれ、東京法学院、日本法律学校に学び、部落問題に強い関心を寄せることとなった。そうしてその解決の場を台湾に求め、自ら台湾総督府の官吏となって現地に赴くが、そこで一八九六年一〇月、赤痢のため死亡した。『社会外の社会穢多非人』は、その翌月に友人権藤震二が遺骨と遺稿を持ち帰り、数年を経て刊行の運びとなったものである。権藤が同書に寄せた「亡友遺稿刊行の始末」によれば、柳瀬とは郷塾で交わり、その後東京に出てからも交友を持ち続けた。柳瀬がこの本の執筆に着手したのは一八九三年からと思われるが、一八九〇年の段階ですでにその志を立てていたと見られる。

この本の初稿を脱したのは着手翌年の一八九四年のことで、同年ないしは翌五年に稿を更めた。一八九六年五月、彼は台湾総督府に勤務することとなるが、それは「官事の傍、新平民の為に移住の地を探尋せん」との理由からであった。彼は病床に就いてからもたえず刊行の実現を気にかけていたという。柳瀬が仮につけていた題は『新平民の過去及将来』で、『社会外の社会穢多非人』は、大学館主が発刊の際につけたタイトルであった。

『社会外の社会穢多非人』が一一四頁からなるのに対して、『特種部落改善の梗概』はわずか三〇頁の冊子であり、書かれた意図もまったく異なるものである。かたや全国的視野で論じたものであり、もう一方は三重県の被差別部落のみを対象としているというちがいがある。にもかかわらず、三重県のそれは、柳瀬の著書の叙述を借用しながら綴られているのである。たとえば、『特種部落改善の梗概』の「人情及道徳」は、柳瀬の著書の同名の項目からの引き写しに近い。

では、両者のちがいはどこにあるのか。柳瀬は、肉食の禁忌、異種類の嫌悪などもすべて今では取り除かれたから「依然擯斥せらるゝ所以のものは他なし」と言い切り、今日の擯斥は、被差別部落民が多年排斥されてきた結果として道徳・知識・品格が劣ることと、多年の習慣によって社会が擯斥を「暴慢」と思惟せず、一方擯斥を受ける側もそれに慣れてしまったことをあげる。彼は、擯斥を行う社会の責任を問うことをけっして忘れてはいない。社会の擯斥を受けないようにするために、被差別部落民が劣っていると思われる点を指摘し、その改善方法を提示する。ところが、三重県当局の認識からはその点が抜け落ちてしまっており、もっぱら被差別部落民の矯正が自己目的になってしまっているのである。次に述べるように、地方改良運動が展開される中で、被差別部落が「最悪の難村」として浮上してきたことが、それにいっそう拍車をかけた。

このように、身を挺して部落問題解決に向かうその柳瀬の主観的意図と、三重県をはじめとする権力機関の部落問題認識との間には大きな隔たりがあった。ところがそれにもかかわらず、後者が人種主義を広める上に、柳瀬の著書が重要な役割を果たしてしまったことの意味もまた問われなければならないだろう。

全国に先がけて行われたこの三重県の部落改善政策は、全国の模範となり、他府県でもこれにならって、ほぼ同様の政策が行われていった。

それとともに、被差別部落に対する呼称も、「人種」のちがいを思い起こさせる「特種」から「特殊」と文字を変えて、それが一般的に用いられるようになった（ただし、当時は「特種」という表記が今日以上に部落問題以外の場で多用されていたことも考慮に入れる必要がある）。「部落」というのは、元来、村の一部を構成する共同体集落を指すことばであり、それに「特種（殊）」をつけて、今日いうところの被差別部落を意味する用語としたのである。そのような呼称は、これまで人が単位であったのが、集落という単位の問題として認識されるようになったことを意味し、そうした把握の仕方の端緒は、松方デフレ後の貧民問題の浮上、そして町村合併における排除の際にも見られたものであった。

2　浸透する人種主義

人種主義と修養

日露戦争勝利による「一等国」意識に加えて、一九一〇年に行われることとなる韓国併合を前に、朝鮮や中国に対する民族差別の意識がかき立てられ、それが部落差別と結びつけられていったことは重要である。それが、民衆への被差別部落朝鮮人起源説の流布を促し、被差別部落に対する負のイメージを形成する大きな要因となった。

たとえば『日出新聞』（一九〇七年八月二三日）は、前述の『特種部落改善の梗概』の記載をほぼそのまま要約する形で、「戸数の割合に人口の多きは此種族の体力骨格共に強健にして随つて其繁殖力の大なるが故なるべし」「生来嘗て入浴せしことなく又一個の大便所に三人も四人も而も男女ともに□□《（ママ）》すると云ふ有様ゆえ其汚穢なるを譬ふるに物なし然ればトラホーム、肺病患者、瘋癲白痴の徒頗る多し」と記した。なお、トラホーム（トラコーマ／trachoma）は伝染性の結膜炎の一つで、放置しておくと視力にも支障を来すことから、兵士育成の必要上その徹底治癒が叫ばれ、その中で被差別部落は、罹患率が高く治癒率の低い地域としてあぶり出されていった。

先に見た三重県の部落改善の指導者・竹葉寅一郎の認識も同様で、「殊に特殊部落と云ふものは私が申すまでもございませぬ、全く今日まで一小別天地に棲息して居りまして、我々の方面から其中へ這入つて見ますると大変違つて居ります」といい、深く接してみると「さて〳〵どうも頑固な、義理も恥も知つたものでないと云ふて驚く」と述べる。さらに部落で行われている革細工についても、「それであるから内に入つても、外に出ても臭気で以て堪らない、それで香水を始終携へて髭から鼻に拭つて這入る、それでもなか〳〵堪へられないから清心丹などを持つて這入る、それでも嘔吐を催ふして困るのであります」(「第二回 我国の特種救済事業」『留岡幸助著作集』第二巻)と語り、部落改善運動に献身した先駆者の認識がいかに差別的であったかをはからずも露呈している。

これらに明らかなように、このような部落認識は「血統」を核としつつ風俗・衛生・習慣などの〝実態〟が周縁に位置して形成されているものであり、〝実態〟の劣悪さがほぼ決まって生得的特殊性によって説明された。ただし、そもそも日本では、「人種改良」自体に、遺伝だけではなく、「修養」という環境的要因を見出す傾向が強かったことが指摘されており（冨山一郎「国民の誕生と「日本人種」」『思想』第八四五号）、それゆえ、部落改善政策が行われ、被差別部落の人びとの「修養」が求められたのであろう。とはいえ、被差別部落が内包する問題を「人種」的特殊性に起因する問題と捉える以上、ひとたび行き詰まりが生じれば「改良」への展望はいきおい絶望的とならざるをえず、被差別部落は、町村が競って「改良」の成果を示す上での桎梏《しっこく》となり、統合と排除のジレンマに立たされていくこととなる。

地方改良運動の障碍物

一九〇七年には内務省も、キリスト者であり、一方で二宮尊徳が説いた実践道徳である報徳思想にも傾倒しながら社会事業に取り組んでいた留岡幸助を嘱託（正式の雇用や任命によらないでその仕事に就いている人）として招き、彼の指導のもとに部落改善政策に着手していく。翌年からは内務省の督励を受けて、全国各地で部落改善に向けての取り組みが開始されていった。それらの報告書類や事例の紹介等を一瞥すると、全国で展開された部落改善政策の特徴として以下の二点が指摘されよう。

まず第一に、政策を実施する前提となる被差別部落認識が、ほぼいずれも三重県のそれを追認したものであり、画一的であるという点である。たとえば内務省の命を受けて調査を行ったという愛媛県の報告「新平民の状態」（上下）も同様であり、社交状態・生業及副業・宗教・衛生といった項目を立て、やはり被差別部落の人びとを「種族」と称し、「矮陋汚穢の家屋内に住居して賤業を営み、言語の普通人と異なるのみならず、其容儀の賤劣にして道義を辞せず、且つ貧賤の安んじて生業を励精せざる等遂に彼等の通性となり、自ら地位を卑下して社交上の障壁を作り去るの素因に外ならず」と記している。被差別部落の「欠点」をあげつらい、差別の原因をそれに帰する態度は、むしろ強まっている。

第二は、被差別部落に設けられた規約等を通じて、生活細部への事細かな干渉が行われていることである。たとえば、高知県のある部落に設けられた矯風会は、部落青年を委員に充てて、家屋内外の清否の監督や、「衣服の破綻を来し又は汚点を附着せるものに対し之が修理洗滌せしむる」といった任務を課し、会長のもとでそれの励行に努めた。部落在住者が遵守すべき項目は、裸体の禁止はもちろんのこと、「見苦しからざる衣服」を着用し必ず帯を締めること、男子は斬髪・女子は結髪といったことまで謳われており、三日に一度の入浴や便所の設置の仕方などにも干渉が及んだ。それは先に述べたように、そもそも日本における人種主義が環境的要因を重視するものであったことに加えて、「容儀」や生活習慣の「差異」が人種主義を周辺から補強していたため、それらを改めることによって、少なくとも地方改良運動の目的遂行のための障碍とならない程度にまで差異を埋めることができると考えられていたからである。

そもそも政府が部落改善政策に着手した意図は、各地につくられた規約等に明らかなように、一つは、衛生状態の改善をはかることであり、もう一つは、滞税矯正という地方改良運動のねらいを徹底することであり、さらにもう一つのねらいは、すでに三重県知事有松の場合に見たように、犯罪防止にあった。『刑事法評林』(一九〇九年三月)に載った「新平民の改善と犯罪の減少」は、全国的な部落の犯罪動向を「普通民」と対比した統計を示しており、それによれば、漸次減少という結果となって効果が上がってはいるものの、全般的には、「細民部落〔被差別部落を指す――引用者(以下、〔 〕で括られた箇所は引用者による補足を表わす)〕ニハ由来犯罪者ヲ出スモノ少カラス故ニ此ノ種部落民居住ノ近隣ニ於テ犯罪事故ノ生スルアレハ警察ハ先ツ其ノ部落内ノ捜索ニ着手スルカ如キ傾向アリ」とあるように、被差別部落は犯罪の温床であるとの認識が定着しつつあった。

地方改良運動一般にそうであったと同様に、そのもとで展開されたもっぱら精神主義に依拠した部落改善政策では、一時的に効果を上げたかに見えるところはあっても抜本的改善とはなりえておらず、依然部落外との格差が存在していたのは当然であった。それゆえに、

「今日地方農村に於て最も厄介視されて居るものは此特殊民であつて納税の義務は怠るは、村の風紀は紊るは、村治の当局者は折角好成績を挙げんと黽勉《びんべん》努力して居ても、之がある為めに殆治績の全部を減却されてしまふ。特殊民を有する町村は到底模範村になれないと断念して居るものが少くないと聞さりとは洵に気の毒である」（笑鵬子「経国済民／特殊部落の研究」『土陽新聞』一九一一年六月一一日）といった評論も現われ、三重県の場合にも見たように、町村間の競争を煽る地方改良運動の中で、被差別部落はその障碍物となっていった。

屠場の発展とジレンマ

すでに述べたように、部落改善政策は被差別部落の就業構造にはほとんど未着手のままであり、内務省は、被差別部落の職業について、次のように述べている。

細民部落〔被差別部落を指す〕ニ於ケル職業ハ牛馬ノ屠殺肉類ノ販売製革業及日雇稼業ヲ主トシ副業トシテハ麻裏竹皮及藁草履製造ヲ営ムモノ多ク又地方ニ依リテハ農業ニ従フモノアルモ其ノ職業ノ範囲ハ殆ンド限定セラレ各自欲スル処ノ生業ヲ自由ニ選択スルヲ得ザル如シ

ここに明らかなように、農業が総収入に占める割合はわずかで、屠畜・肉類販売・皮革製造・日雇いなどの広範な雑業に従事し、副業として草履製造などを行うことで生計を立てており、「其ノ職業ノ範囲ハ殆ンド限定セラレ各自欲スル処ノ生業ヲ自由ニ選択スルヲ得ザル如シ」というように、差別によって選択できる職業も限られていた（内務省地方局「細民部落改善参考資料」一九一四年）。三重県桑名郡（現桑名市）の被差別部落のように、この時期、総戸数一五〇余りのうち農業従事者は一軒を除いてほかになく、ほとんどが下駄直しと鼻緒製造・雪駄造りで生計を立てているというような場合もまれではなかった（『部落調査書類』一九一一年）。

さまざまな生業の中でも、「牛馬ノ屠殺」に従事する者への忌避感は、社会に根強かった。たとえば岐阜県では、徐々に入手しやすい馬肉が普及し、養豚業の発達に伴って低価格の豚肉需要もようやく増加しはじめたが、やはり「古来因習の久しき食肉嫌忌の弊依然として存し食肉は神仏の祟りを招き且つ食肉を以て蛮的行為の如く思惟し他人に擯斥せらるゝの状態」であったという（益田佐兵「岐阜県土岐郡屠殺沿革」『肉と乳』第三巻第五号）。

明治後期になって肉食はしだいに普及していったが、それに対する民衆の根強い偏見は完全に払拭されたわけではなく、また肉食を採り入れたからといって、屠場労働や精肉作業に対する偏見の解消には直結せず、そうしたことが屠場の仕事に関わる被差別部落民衆に対する差別・偏見につながっていた。さらには屠場のイメージが肥大化し、屠場の仕事には関わりをもたない被差別部落の人びとまでをも一緒くたにして、屠殺に纏わる忌避観が被差別部落全体を覆っていった。「餌取《えとり》」は「太古に生存して屠殺を生業とした階級であつて、穢多の起源である」（加藤正人「穢多観」『雄弁』第二号）といった被差別部落の「餌取」起源説は、このころ以後部落の起源論に頻繁に登場している。それ以前に比べて肉食に対する忌避が薄れつつある一方で、被差別部落の人びとが内臓物を常食にしているとして、それに対する偏見が浮き彫りになってくるのも当該時期であった。

肉食の普及に伴い、日露戦争後あたりから各地の屠場で、その拡大・発展が見られた。そうした中で、従来からの屠場を村営にし、被差別部落の人びとの就労対策に充て、ひいてはそれが部落改善につながり、さらには村財政にも貢献することが期待されていった。

屠場にそのような役割を託す傾向は、一九〇六年の屠場法の施行によっていっそう加速した。屠場法は、衛生対策上から屠場数に制限を加えるという意図をもって施行されたものであり、これ以後、従来からの屠場が整理されて村営に移行し、整備拡大が図られていく。

しかし、「屠獣者の多くは――否な殆ど総ては――動物に対して同情の念なきものなり、人類生活の為めに犠牲に供せらるゝ彼等に対して一滴の涙だも灑《そそ》ぐ能はざるものなり」といったような屠場労働者に対する偏見は厳然としてあり、それをいくらかでも緩和するために屠獣の追弔法要の必要が説かれたのである（『中外日報』一九一〇年三月一九日）。三重県三重郡神前村《かんざき》（現四日市市）では、一九二二年二月一五日、神前村をはじめ近隣の村長・県警察部長・四日市桑名両警察署長ら、そうそうたるメンバーの臨席のもとに、「屠畜ノ大追弔会」が催され、その「記念帳」が立派な装丁でつくられている（神前村『大正十一年二月十五日 屠畜追弔法会記念帳』）。しかし一方で、そのような偏見ゆえにやがてその神前村においても、屠場を村から移転しようとの動きが生じてくることとなる。

3　大日本帝国の一体化を求めて――「融和」の浮上

「特殊部落」から「細民部落」へ

日露戦争後の部落問題をめぐる認識は、もっぱら部落責任論であり、それゆえに被差別部落の改善のみに目が注がれた。そもそも差別それ自体が問題であるとは認識されておらず、地方改良運動という国民統合政策を推進する上で、被差別部落の抱える問題を是正することが求められたに過ぎなかった。

そうした状況から、しだいに社会の側の被差別部落に対する認識を問う、すなわち差別それ自体を問題にするという趨勢に変わってきたのが一九一〇年代以後のことであった。その一つのきっかけは一九一〇年に第二次桂内閣のもとで引き起こされた大逆事件である。大逆事件とは、天皇暗殺を企てたかどで、その計画には関与していなかった幸徳秋水らを含む一二名が死刑にされた、社会主義に対する弾圧事件である。この事件に、被差別部落の人びとの施療に積極的に関わってきた新宮の医師大石誠之助（死刑）と被差別部落の人びとを檀家にもち、部落解放のために闘っていた真宗大谷派の僧侶高木顕明（無期懲役で特赦減刑されるが一九一四年獄中で縊死）が連座したことから、被差別部落と社会主義の結びつきが疑われ、支配層に危機意識を呼び起こすこととなった。

それを引き金に、被差別部落を「特殊」な集団として排除一辺倒におくことに対する反省が生じてきた。それは、内務省がこれまでの「特殊（種）部落」に代えて「細民部落」という呼び名を用いようとしたことにも示されている。一九一二年一一月、治安対策上の危機感もあって、内務省主催により全国から部落改善政策の指導者たちを集めて会議が開かれており、その会議は「細民部落改善協議会」と称した。

「細民」は元来、下層民の中でも「貧民」よりはやや経済的に上位にある階層を指すことばであり、したがってたんに下層の人びとが集住する地域を指すのか、それとも被差別部落を指すのかが曖昧であった。被差別部落の枠組みとは別の階層を指すそのような呼称が充てられたのは、「特殊部落」という呼称を用いることに対する不満の声が大きくなってきたために、敢えて境界を曖昧にする意図をもっていたからではないかと思われる。しかしながらその曖昧さゆえに「細民部落」という呼称は根づかず、したがって「特殊部落」に代わる適当な言葉もないまま推移していった。

のちに述べる、歴史家で被差別部落人種起源説を否定した喜田貞吉もまた、被差別部落を〝特殊〟な存在と見なすことには断じて異を唱えていた一人であった。そうして「なるべく『特殊部落』の語を用いたくはない」と思っていたが、「説明上、何とかの名称を用いねばならぬ場合には、この語が一番弊害が少いもの」と考えて慣用するほかなかったのである（『学窓日誌』一九二二年、『喜田貞吉著作集』第一三巻）。

実業の育成——大和同志会の結成

依然「特殊部落」という呼称が使いつづけられることに対して、被差別部落からいち早く不満の声を上げたのは大和同志会の人びとであった。大和同志会は、一九一二年八月二〇日、奈良市西阪町の被差別部落で精肉店を営む松井庄五郎を会長に、奈良県知事・奈良市長らの後援を得て結成された団体であり、松井が私財を投じて機関誌『明治之光《めいじのひかり》』を発行し、近畿地方を中心に全国に読者を広げていった。

大和同志会を立ち上げるきっかけは、「特殊部落」という呼称の問題をはじめ、奈良県では「矯風改善」と呼ばれた、差別の原因を被差別部落の側に求める部落改善政策全般に対する批判にあった。松井は、資産家に生まれ東京帝国大学を卒業した、被差別部落には数少ない〝エリート〟であり、大和同志会は、その彼を筆頭に小学校教員など被差別部落内部の知識層を中心的な担い手として、殖産興業、教育の機会均等、本願寺改革、差別撤廃、臣民意識の徹底、「特殊部落」という呼称の廃止、を会の主張として掲げた。すなわち、被差別部落の経済的自立、松井らが言うところの「実業の育成」を行うことにあり、その妨げとなる事柄を改革するという、目的に沿ったきわめて合理主義的な性格の運動であった。

本願寺改革

大和同志会の主張の一つに本願寺改革が掲げられたのは、西日本を中心とする被差別部落は、浄土真宗の檀家が大半を占めており、とりわけ本願寺派（総本山は西本願寺）がかなりの数にのぼっていたことによる。人びとは、現世での抑圧からの解放を来世に託し、鎌倉時代に浄土真宗を開いた親鸞の、人間はすべて悪人であり、その悪人こそが仏による救済の対象になるという悪人正機の教えを拠り所に浄土真宗を信じ、本願寺に多額の寄付を行い、それを信仰の証の一つとしてきたのであった。

本願寺派は、一八七六年、大谷派（東本願寺派）・高田派・木辺派とともに江戸時代以来の本末制、すなわち中本山が下寺を支配するという仕組みを廃止し、本山を除く全寺院は同格であるとする「四派共同宗規綱領」を定めた。そもそも浄土真宗は本来、親鸞の唱えた「御《ご》同朋《どうほう》御《ご》同行《どうぎょう》」という仏の救済と慈悲のもとでの徹底した平等観の実現、すなわち同朋教団の確立を課題としていたはずであった。しかし現実には、被差別部落の僧侶は「穢多寺」住職として蔑まれ、宗規で決められた座席を与えられなかったり、また布教師が部落の門徒に差別発言を浴びせるといったことが日常行われていた。

一方また、厳しい条件の中から被差別部落の人びとが多額の寄付をすることは、「実業の育成」の阻害要因であり、しかも先に述べたような献身にもかかわらず、教団による差別が存在することへの憤りが、この問題を大和同志会の運動の中心課題の一つに押し上げることとなった。そうしてそれは、初期の水平社の運動にも、本願寺募財拒絶闘争として引き継がれていった。

〝同じ〟帝国臣民として

奈良県内の尋常小学校教師であった小川幸三郎は、教育の現場でいかに被差別部落の子どもたちが不当に差別され、それゆえにいかにもてる力を発揮できずにいるかを、具体的な事例を挙げながら繰り返し訴えた。差別により、部落外の子どもと同じ学校に通うことができないために、「特設学校」あるいは「部落学校」と呼ばれる学校が少なからず存在していること、それらの学校では、設備や教師の待遇など教育の条件がそろっていないこと、本来子どもたちは、条件さえ整えば十分な能力を発揮できるはずであるにもかかわらず、そうした状況を無視して教師は被差別部落の家庭や子どもの能力の低さばかり口にしていること、などの批判を展開した。そうして彼らは、そのような教育をはじめとする障碍を取り除き、「中流以下の風儀」を改め、被差別部落の人びとが経済的な力をつけて社会に進出することで、差別の垣根が取り払われ〝同じ〟に見なされると期待したのであった。

彼らが差別から逃れるために重要と考えたのは、国家の義務を立派に遂行している忠良な臣民であることを示すことであった。会の機関誌に『明治之光』と名づけたのも、会を立ち上げる直前に死去した明治天皇への弔意を示し、その恩に報いるためであった。松井庄五郎は、明治大帝の「一視同仁の聖旨」によって「汚名廃止」を受けて以来、部落民は感泣し、皇恩を忘れないように勉めてきたのであり、「部落民全体の主義は即ち皇室中心主義なればなり」と断言している。

このように、同じ「臣民」であることの承認を望む彼らの前に立ちはだかるのが、民族や人種がちがうとする認識と不可分の「特殊部落」に象徴される意識であった。それに対して松井は、「世に謂ふ普通部落と細民部落は共に大和民族にして然かも本分の間柄なるを詳知せざる可らず」と述べ、「部落人」は祖先を同じくしていたのに、徳川幕府の暴政にあって汚名を冠せられ、社会から放逐されたのであることは歴史に照らして明らかであるといい、「何等血統に其の差異なきを確かめ得るに至れり」と主張した。『明治之光』誌上には数多くの起源論が寄せられ、「人種がちがう」とする認識に対抗する起源論を構築する試みがなされた。それは、〝同じ〟「帝国臣民」でありながら差別されることの不当性を訴えていく上で、不可欠の作業であった。そのような確信を伴って、「特殊部落」という呼称に対しても抗議が繰り返された。

大和同志会は、必要とするのは皮相的な部落の「矯風改善」ではなく「実業の育成」であり、また外部の反省であり「融和握手」であることを強く訴えた。大和同志会の主張は、社会の認識のありようを問うという点で、これまでの部落改善の段階から新たな一歩を踏み出す役割を果たした。

大和同志会が結成された翌年の一九一三年には、それに促されて京都府同志会柳原町分会や、岡山県同志会・出雲同志会・三重県同志会が結成された。広島県でも一九一四年には広島県福島町一致協会及び福島町青年会が、官製的かつ治安対策的性格の強いものであったが、『明治之光』に続くべく、『天鼓』を創刊している。それらは、「修養」「部落開発」といった言葉が繰り返し登場しており、その背景には、現に存在する「問題」は生得的なものではなく、文明化の程度の差に拠っているにすぎず、それゆえ被差別部落もいずれ追いつく、とする確信があった。そうした認識が登場したことの意味は大きく、そのような変化に支えられながら、大和同志会などの運動が立ち上げられ、社会の「融和」が目指されていったのである。

大和同志会は、担い手が部落上層部に限られていたとはいえ、被差別部落の人びとに自らの「誇り」の獲得を促し、かつ「外部の反省」を訴えたという点において、のちの水平運動を準備したと評価するに相応しい運動であった。

「民族の融和」

大和同志会やそれに連なるこれらの団体とは対照的に、部落問題の解決は「大日本を形成」するための、すなわち一級の「帝国」となるための手段として、それへの取り組みを行ったのが帝国公道会であった。それは、台湾、朝鮮という植民地を保有する文字通り帝国となった日本にとって、それら植民地をも包含する「民族の融和」が必須であり、そのためには帝国内部の「融和」を実現することからまず始めなければならないとの認識から立ち上げられたものであった。

帝国公道会は、一九一四年六月七日東京商業会議所にて創立総会が開かれ、会長に板垣退助、副会長に大木遠吉・本田親済、幹事は岡本道寿・大江卓（得度して号を天也と称し、当該時期には天也を名乗る）他五名と、爵位をもつ名士たちのそうそうたる顔ぶれが並んだが、実質の活動は、幹事長の大江卓が担った。

大江は、一八四七年、土佐藩士のもとに生まれ、明治維新後、賤民制度の廃止を思い立ち、「解放令」が発布される前の一八七一年、民部省に建議を行って、太政官内での議論を呼び起こすきっかけをつくったことで知られている。また、一八七二年に横浜港で起こったマリア＝ルース号事件では、ペルーが中国人を奴隷として売買して虐待していた事実を裁く臨時法廷の裁判長を務めた。ちなみにその事件がきっかけで、日本国内にある芸娼妓の人身売買が問題となり、この年に芸娼妓解放令が出されることとなった。

大江はいったん大蔵省に入るがまもなく政府を去り、一八七七年西郷隆盛らが起こした西南戦争の際にはそれに応じて挙兵を企てて入獄した。その後は自由民権運動に参加したり、また一八九〇年の第一回総選挙では衆議院議員当選を果たし、実業界にも入ったりするが、一九一二年頃からふたたび部落問題に関心をもち、二年後帝国公道会結成に至る。

帝国公道会は、政府・内務省の意向を代弁するものでもあり、創立大会当日、時の首相大隈重信が「祝辞」を送り、内務省参事官潮恵之輔もその将来に期待する「演説」を行っているように、内務省の後援を受けつつ機関誌『公道』（一九一八年に『社会改善公道』と改題）を発刊しながらその活動を展開していく。

帝国公道会は、大和同志会の傘下に続々と誕生してきた団体も統括し、それらの運動がもつ自主性を吸収する役割をも有した。その点でもまさに内務省の意向と合致しており、帝国公道会は、大江が創立総会で述べたように、「特殊部落ノ改良ヲナシ、進ンデハ社会ニ融和スル」（帝国公道会『会報』第一号）という、自力解放ではない「融和」の方向に傘下の団体を誘導する役割を担っていく。

　そのような帝国公道会の主張の特徴は、まず第一に、差別は「帝国」発展の障碍であるとの認識において一致していたことである。評議員の一人である林包明は、「大和民族中憐むべき部落民の救済は、世界の一等国たる我が帝国の一大急務なることを説破し」、「包容融和」できなければ「破裂」の恐れがあるとの警鐘を鳴らした（『公道』第二巻第四号）。

　塚本義胤も、「大日本を形成」するためには被差別部落に対する「別視《ママ》」ではなく相提携が必要であると訴えた（『公道』第二巻第七号）。さらに塚本は、「内地は素より樺太、朝鮮、台湾の新附民を掩有撫愛する大日本の今日に於て十数世紀前の小日本から因襲した陋習を蝉脱する能はぬと云ふは、民族性の大汚点ではなからふか、国家としての大恥辱ではなからふか」（同右、第二巻第八号）と述べて、「陋習」である部落問題を抱えることが「大日本」の汚点であるとの注意喚起を行っている。

　第二の特徴は、「同情融和」を唱えたことであった。それは後述するように、米騒動後に顕著となる。帝国公道会創立時から大江は「可憐部落民」と称しており、「同情」の要素がまったくなかったわけではないが、米騒動の記憶を重ね合わせながら被差別部落の人びとの「反抗」に危機感をもって臨むとき、被差別部落の内部改善とともに、社会の「同情」を引き出すことは不可欠の要素であったといえよう。

このように、帝国公道会をはじめとする社会の大半の認識は、無条件に〝差別する側〟の責任を問うて融和の必要を説くものではなかった。しかも多くは、現存する格差の根底に「人種」や遺伝などの「生まれながら」の要因を見出していたため、被差別部落と部落外の格差は容易には埋まらないものと見なされ、それを補うものとして社会の「同情」が要請されることになったのである。

起源論と人種主義

帝国公道会の運動の第三の特徴は、大和同志会同様、被差別部落起源論への強い関心が見られることであった。それは大江も同様で、彼は「可憐民族の来歴及現状」と題する論文を機関誌『公道』に長期にわたって連載し(一九一四年一一月—一九一五年九月)、その後も「我国旧賤族の由来」を書いている(一九一五年四月—一九一六年三月)。

「可憐民族の来歴及現状」では、「大和民族」は出雲系すなわち朝鮮系統、蒙古に源流をもつ朝鮮南部からの渡来人である天孫系、南洋もしくは小亜細亜系、元から居たコロボックル・アイヌからなる原始人系の四派からできており、それに対して賤民の起源は、「餌取」の子孫、海外から移住した先住民や、職業によるもの、捕虜、帰化人、罪人、宗教的原因、落魄に求められると結論づける。その上で、「我国では新平民と唱へる所謂特殊部落とか細民部落とかいふものが先づ仮に異種類と見ます、決して異種類ではありませぬが之を圧迫したらどうなりませうか、益々社会主義になつて仕舞う」と述べて、ロシア・中国・トルコ・オーストリアなど「異種類の人種が住んで居る」国を参照しながら、「圧迫」の結果がもたらす社会主義に対する強い危機感を表明した。

大江は、そもそも当時当たり前のように受け入れられていた認識にならって、日本自体が多民族国家であるとの前提に立っていたため、「異種類の人種」であることを部落差別の指標とはしていない。しかし、ロシアなど「異種類の人種が住んで居る」とされる国と日本を同列に論じていることに示されるように、事実上被差別部落の人びとは、その起源とは別に「異人種」と同じ範疇で認識されていた。人種主義が、生物学的差異のみでは捉えきれないゆえんの一端を示す例といえよう。

そのような認識は、大江のみならず帝国公道会関係者におおむね共通しており、副会長の大木遠吉も「特種部落民」という呼称を用いて憚らず、「特殊部落ノ改良」と「社会ノ融和」を掲げて登場したこの団体の部落問題認識の皮相性をはからずも露呈したものとなっていた。大和同志会があれほど忌避した「特殊部落」という呼称の定着に一役買ったのが、まさに被差別部落側の訴えを顧みずにそれを多用した帝国公道会だったのではなかろうか。

「新天地」——移住・移民

第四に、帝国公道会は創立当初より、被差別部落の人びとが移住して「新天地」に行けば広大な土地と差別のない社会が待ち受けており、移住は部落問題の解決において、もっとも手っ取り早い方法と考えていた。

移住・移民は、『破戒』でも、主人公のテキサスへの移民の可能性が提示されているように、かねてからつねに、部落問題の〝解決〟の手段の一つとして登場してきた。一八世紀後半、老中田沼意次が、工藤平助の著した『赤蝦夷《あかえぞ》風説考』に基づいて、「えた」・「ひにん」七万人を集めて蝦夷地の開発に当たらせようと計画したのが移住論の最初で、それは、実施に向けて幕府が調査を行っている最中に田沼が失脚し、実現には至らなかった。幕末には、帆足万里『東潜夫論《とうせんぷろん》』（一八四八年）など、ロシアの進出に対処すべく、蝦夷の警備・開発に従事させるという策が主張された。

近代になって、とりわけ一八八〇年代に部落問題が社会問題の一つとして浮上してくると、対外進出論と結びつきながら、移住・移民論はふたたび主張されるようになる。それらは、おおむね朝鮮・台湾・南洋諸島への移民を説くものであり、代表的なものに、杉浦重剛『樊《はん》噲《かい》夢物語』（一八八六年）、そして前述の柳瀬勁介『社会外の社会穢多非人』（一九〇一年）などがあり、また、清水紫琴の小説『移民学園』（一八八九年）や、中川友蔵「新平民」（一八九九年）は、移住先として北海道を想定していた。

論の段階にとどまったそれらを実行に移そうと本腰を入れて取り組んだのは、大江卓を中心とする帝国公道会であった。大江も、被差別部落の人びとに対して、「従来一辺土に蹐《きょく》天《てん》蹐《せき》地《ち》し一般社会より極度の侮蔑を受けつゝ、人世を悲嘆するの境遇より超脱して、艱難相助け苦楽共嘗の新天地に安住せんと欲せば、一日も速かに移住を断行するを以て第一の捷径なりと信ず」（天也上座「北海道移住に関して」『公道』第三巻第一号）と説き、移住を勧めた。

帝国公道会は、北海道庁第一次拓殖計画の一環として、一九一五年より北海道移住に着手し、翌一六年より北海道移住民監督指導者に上田静一、移住専務に都築達馬を充て、団体移住を中心として本格的に推進していった。大和同志会と連携しながら、『公道』『明治之光』の両誌面を割いて盛んに移住奨励がなされたが、その割には移住者はさほどの数には及んでおらず、移住者を出した地域も奈良・京都・高知等の一部に限られていた。また、実行には至らなかったものの朝鮮・樺太・「満州」への移民計画も立てられ、『明治之光』を通じてしばしばそれらの紹介がなされた。

しかし移住の結果は、けっして芳しいものではなかった。一九二〇年代後半のものと推定される、中央社会事業協会地方改善部の作成した「北海道移住実状調査」の報告書が現存している。それによれば店はもとより医者も学校も近くにないという不便さに耐えかねてすでに退去してしまった者も多く、残留者も、相次ぐ不作で当初得た土地もすでに売り尽くし、小作農に転落している者がほとんどであった。

その報告書には「アイヌ部落」という項目も設けられており、そこではアイヌの人びとと隣り合わせに生活する中で、「内地」から放擲《ほうてき》され移住先でも苦渋を強いられていた被差別部落の人びとが、実は彼らの自覚しないところで、「内地人《シャモ》」としてアイヌに対する抑圧者の振る舞いをしていたことを窺い知るものとなっている。

目的と手段の転倒——大和同志会と帝国公道会

このように帝国公道会は、帝国内の「民族の融和」実現の一環としてさまざまな角度から部落問題に取り組んでいったが、一九一七年頃から大江は、「国家社会の重大問題」の中でも緊急問題は「強者と弱者の調和である、換言すれば労働者の救済問題に外ならぬ」(〈社説〉「労働組合の組織は現下の一大急務」『公道』第四巻第三号)と述べ、主要な関心を部落問題から労働問題へと移行させていく。

帝国公道会は、第一次世界大戦中の好況下で労働運動が飛躍的な発展を遂げ、労働争議が激増する中で、帝国の一体化を揺るがす重大事は部落問題よりも労働問題であると認識するようになり、労働問題が『公道』の誌面を席巻していった。被差別部落住民の発起によって生まれた大和同志会の運動は、あくまで被差別部落の人びとの差別からの解放を勝ちとることが目的であり、国家への奉仕はそのための手段であって、その点において、被差別部落の外部から「同情融和」を旗印に誕生した帝国公道会とは、目的と手段が転倒していたのである。

大和同志会は、第一次世界大戦中も基本方針を変えることはなかった。一九一八年(第七巻)四月号の『明治之光』に掲載された奔泉こと松井庄五郎が著した「〈社説〉我が家の主義主張」は、①一般と融和②向上発展③部落歴史④宗教の刷新、の四つを挙げており、創立当初と基本的なあり方は変わっていない。

その中で創立時には存在しなかった「部落歴史」が三番目に挙げられているのは、「眠れる児を起すに均し」との反駁があることを想定してのことであった。松井は、「試みに一般人に就て穢多の基因を聴け」と投げかけ、「穢多は日本人種にあらず外国より帰化せるものである種類の異なれるものである、不潔の職業を営み共に同居し得るものではない」と「一般人」はいうであろう、その現実を突き出す。朝鮮人起源説に根ざした「異種」認識が広範に浸透していたことの一端が読み取れよう。

友愛会などの労働運動や日本農民組合創設にも関わったキリスト者で、かつ社会運動家として知られる賀川豊彦が、神戸新川のスラムに住んだ経験を踏まえつつ『貧民心理の研究』を著したのも第一次世界大戦中、一九一五年のことであった。その第七章「第五節　穢多村の研究」において、賀川は、「私は主として人種説をとる」といい、被差別部落民の遺伝学的、生物学的なちがいを露骨過ぎるほどに言い立てた。その中には朝鮮人起源説も含まれており、一方で韓国併合を正当化する論理としての日鮮同祖論も存在する中で、朝鮮人起源説が明らかな外観上のちがいを伴った「人種」のちがいとどのように結びつくのか依然不明のままだが、それらがないまぜになっていたことこそが、部落差別を貫く人種主義の特徴ともいえるだろう。ちなみに賀川は、一九一九年の段階でも一貫して被差別部落について、「特殊」ではなく「特種」を充てた。

松井ら大和同志会は、一方で「融和」が説かれる時代になってもなお、こうした人種主義が横行しているため、それに対抗すべく、いっそう自らの起源論構築に精力を傾けねばならなかったのである。

他方、大和同志会はこの時期になると、「一般と融和」の項目を冒頭において社会の認識を問い、その中で、「旧来の陋習を排し是れが実現を為さんとするの手段は通婚、就職、社交、雑居、学校併合等を以て最捷径とするものなり」と述べて、具体策にまで言及している。社会の部落問題認識を変えることが、何にもまして重視されるに至ったことを示すものであろう。

なお、大和同志会は、一九二二年の水平社結成後は、自主性を失って、奈良県知事を総裁にかつぐ官民一体の融和団体となり、一九四一年に解散するまで、講演会や講習会、融和教育などを行っていった。

「一般部落民の開発」の問題化

帝国公道会の活動も含めて、第一次世界大戦期の注目すべき動向の一つは、「融和」実現のために、当時用いられた言葉を借りるならば「一般部落民の開発」、すなわち被差別部落外の人びとの対応の如何が問題にされるようになったことであった。

たとえば、奈良県「矯風委員規程」においても、「細民部落改善ニ対スル方針」のなかに「第一　一般部落民ノ開発」が設けられた。そこでは、「別種ノ人類ナルカノ如キ感」を周囲に抱かせるのは被差別部落の側に原因があり、それゆえ差別もやむなしとする姿勢が依然見え隠れはするものの、「一般部落民ノ不当ナル感情固陋ナル思想」を「開発」の対象としなければならないとする認識が示されるようになったことは注目に値しよう。

このように、社会の側の姿勢が問われはじめた要因として、まず第一に『公道』にもしばしば報じられているように、この頃から被差別部落民衆による差別への抗議行動が頻発するようになったことが挙げられる。一九一六年六月の博多毎日新聞社襲撃事件もそれを代表する事件の一つであった。それは、福岡市の被差別部落の人びとが、『博多毎日新聞』が掲載した「人間の屍体を元素に還す火葬場の隠亡《おんぼう》」と題する侮蔑的な記事に憤慨し、新聞社を襲撃するという抗議行動に出たものであり、参加者のうちの四七人が有罪となった事件であった。「隠亡」とは火葬場の仕事に従事する者を指し、しばしば部落差別と結びつきながら差別語として機能してきた言葉であった。

第二に、静岡県小《お》笠《がさ》郡の「最近には又児童の休校者も減少し此部落も漸次改善されつゝありとは結構な事である」（『明治之光』第五巻第一二号）といった報告や、島根県簸《ひ》川《かわ》郡の、「部落民自身の修養によつて品性、知識の向上と富の蓄積利用とを計り、他県の特殊部落に見る事の出来ぬ程の発達を来たしたばかりでなく、附近の一般部落に比して遜色の無い程になつて居る」（『斯民』第一一編第七号）といった記述に見られるように、改善の実績が上がり、またそれが期待できるとの認識が広がりはじめたことであった。

奈良県の場合にもあったように、各府県などが行う被差別部落の調査項目に「一般部落との融和状況」が設けられるようになったのもそうした状況の反映であり、府県当局は「融和」実現のために、被差別部落に対する〝外側〟の視線を以前にも増して意識し、重要視するようになったことを示している。

しかし、被差別部落に対する以下のような認識が、依然そのような「融和」の障碍として立ちはだかっていたことにも留意せねばならない。愛知県保安課では部落改善に力を尽くし、「部落内の犯罪の発生」や「彼等の内に稀に見る惨忍の性行怠惰の風習」などは段々と改善されて七、八年前よりは著しくよくなったが、「是とて僅に所管警察署の手に依てされて居るのみであるから根本の改善などいふ事は今後行く年後に至つて発現されるかとんと方角も判らぬ位である」（傍点引用者、『公道』第二巻第七号）という。すなわち、被差別部落の「性行」や「風習」ゆえに、「根本の改善」は容易ならぬとする認識が、改善政策を行う者の中に、牢固として存在していたのである。しかも、これを報じているのは、この時期の融和運動の中心的団体である帝国公道会であった。

このように、文明化の進展によって被差別部落の改善が可能であるとする認識と、生得的ちがいゆえに所詮それは不可能であるとする認識が混在しながら、社会の「融和」が説かれていった。後者の認識が「融和」進展の障碍となったことは言うまでもなく、それゆえにこそ、移住・移民は、後年に至っても部落問題の一つの〝解決〟策として意味をもち続けることとなる。

4 「暴民」像の形成——米騒動と部落問題

「貧富の懸隔」と米騒動の発生

一九一四年から一八年にかけて第一次世界大戦が起こり、ヨーロッパが戦場になったために、日本は海外からの工業製品の注文が増えて、大戦景気に見舞われた。しかし、それによって造船業などから「成金」が出現する一方、労働者の生活は、物価の上昇に賃金の上昇が追いつかなかったため困窮した。経済学者の河上肇が『貧乏物語』を著し、「貧富の懸隔」(貧富の格差)を問題として人道主義の立場からその解決策を世に問うたのは、ちょうどその最中の一九一六年のことであった。

一九一八年八月、政府が、一九一七年に起こったロシア革命の進行を阻止するために、イギリス・アメリカ・フランスとともにシベリア出兵を決定したことから、それに伴う米価の値上がりを見込んだ米商人が米の買い占めや売り惜しみを行って、米価の値上がりにいっそうの拍車がかかった。しかし、政府は暴利取締令を出してそれらに対応する以外に有効な手段をとりえず、米価は急騰していった。

米を買わなければならない労働者や、小作をしていても地主に小作料を納めると、飯米すら事欠く零細な小作人たちは、米の入手が困難となり、深刻な事態に追い込まれた。

そのような状況のもとで、一九一八年七月、やはり米の入手に困った富山県の漁民の妻たちが、県外に米が移出されていくのを阻止しようと立ち上がったのが発端となり、八月上旬から中旬をピークに全国に米騒動が広がっていった。同年一〇月頃まで米騒動は続き、青森・岩手・秋田・栃木・沖縄を除くすべての府県で発生した。中でも特に激しかったところでは、軍隊が出動して鎮圧に当たった。

被差別部落は、安定的な雇用の途も差別によって閉ざされており、すでに見てきたように、多くは日雇い・雑業などと称される不安定な仕事に就くことを余儀なくされ、失業・半失業状態にある者がきわめて多いことが特徴であった。岡山県のある被差別部落は、戸数一一〇余戸のうち、田畑一反ないし二反を小作してなんとか生活できる者は五戸で、それ以外は、獣肉販売、屠畜場人夫、草履造り、麦稗真田組、麦稗摘みなどに従事してようやく凌ぐというありさまだったという(『山陽新報』一九一八年八月一一日)。それゆえに被差別部落では、女性や子どもが、マッチ工場に働きに出たり子守奉公に行ったり、家で草履を編むなどして、家計補充をせねばならなかった。職にありつけない男性に代わって若い娘や嫁がハタを織り、女の年寄りが草履や草鞋を作って、収入を得る、あるいは野良仕事や日雇いに出かけるという姿は、埼玉県児玉郡の被差別部落を舞台とする小林初枝『おんな三代――関東の被差別部落の暮らしから』にも綴られている。

したがって、米の入手に困窮する人びとが大半を占めており、加えて、米が市中に出回らず入手に困っているときに、被差別部落の人びとに対しては、米の売り惜しみや販売の拒否が行われたりした。米を嘆願に行った被差別部落の人びとに、米商人や地主が差別的言辞を浴びせて拒否したという事例も枚挙にいとまがない。

そうした条件が重なり、米騒動に、関西を中心に少なくとも二二府県一一六町村で被差別部落の人びとの参加があったことが明らかとなっている。それだけに米騒動は、被差別部落認識の上でも、一つの大きな転機をもたらすこととなった。

被差別部落への責任転嫁

留意すべきは、米騒動に対する一連の新聞報道や弾圧は、被差別部落の人びとが実際に米騒動で担った役割以上に、過大に彼らの行為を位置づけ、あたかも主力が被差別部落民衆であったかのような米騒動像をつくり出そうとしたことにある。

新聞は、被差別部落の人びとが残虐で暴民であるかのような報道を繰り返した。警察も、被差別部落の民衆と部落外の民衆が共同で米騒動を起こした場合でも、被差別部落の人びとのみを集中的に検挙するという対応をとった。

三重県津市の米騒動は、津市に隣接していた漁村の住民と、津市内の被差別部落の人びとが共に企てたものであったが、起訴され、有罪になったのはおおむね被差別部落の住民で、その中に漁村の住民は一人も含まれていなかった。米騒動に参加した被差別部落民の首謀者の二名の職業は、それぞれ魚行商と川魚商となっており、仕事を通じて漁村の住民と交流し、米騒動の計画がなされたであろうことは想像に難くない。

米騒動の最中八月一九日の『伊勢新聞』（夕刊）は、その津市内の米騒動が起こった被差別部落の一男性の自死を報じている。その男性の自宅が在郷軍人会員の集会所に充てられ、飯炊きをしていたところ、手に火傷を負ってしまい、そのまま豆腐の行商に出たところ身体に負傷していると米騒動の「暴徒」として警察に逮捕されると知り、それを恐れて命を絶ったという。これは、被差別部落住民に対しては非参加者にまで嫌疑をかけ、甚だしい精神的苦痛をもたらすような厳しい取り調べがなされたことを窺わせるものである。その男性もまた、そうした部落差別の犠牲者であったといえよう。

米騒動で検事処分にされた者の中で被差別部落住民は一〇・八％であり、被差別部落住民の人口比が二％にも満たないことからすると、かなり高い割合であることがわかる。米騒動というこれまでにない全国規模の民衆蜂起は支配者にとって脅威であり、それゆえにこそ権力は、民衆の差別感情を巧みにあやつり、被差別部落の人びとに米騒動の責任を着せることで、部落外への広がりを阻止しようとしたのである。ことに、その前年にロシア革命が起こっていたことから、その二の舞になるのではないかという危機意識が働いたのであろう。

そうした事態を食い止めるべく、政府は、部落差別を積極的に利用した。内務省の「高官」小橋一太は、「暴徒」の多くは「特殊部落の者」であり、最初に起こった富山県の「暴動」はそうではないが、京都・大阪・神戸・岡山・三重などの米騒動はいずれも「特殊部落民」が起こしたもので、その他の群衆は「特殊部落民」に雷同したにすぎないと述べて、事実に反し、その責任の大半を被差別部落の人びとに転嫁する宣伝を行った（『中外商業新報』一九一八年八月二二日）。また司法次官鈴木喜三郎も、米騒動に参加して検挙された者は、後から思うと「特殊部落の者」が略奪を恣《ほしいまま》にしたのであり、自分たちは「特殊部落民」のために働いたようなものだということがわかって、ようやく目覚める、という趣旨の談話を発表している。こうしたことからも、政府が意図的に被差別部落に責任を負わせて事態の拡大を阻止しようとしたことが明らかである。すでに述べてきたように、帝国の一体化をはかっていくために、権力にとって差別、そしてそれによって引き起こされる対立はむしろ障碍であると考えられていた。しかしながらひとたび米騒動のような支配体制を揺るがしかねない危機が発生すると、それを阻止するために部落差別は躊躇なく利用されたのである。

つくられる「暴民」・「特種民」像

米騒動の渦中、新聞にも「特種部落民」「特種民」「新平民」といった呼称が飛びかった。「新平民」はもとより「特殊部落民」という呼称に対しては、前述したように大和同志会をはじめとする被差別部落の内部から抗議の声も上がり、一定の反省も呼び起こしていた。にもかかわらず、この時期には、「特殊」よりもむしろ、すでに影を潜めたはずの「特種」の文字が復活した。その使用は、被差別部落の人びとの残忍性を強調することと一体であり、それを「人種的特性」によって説明するというものであった。

米騒動の渦中の一九一八年八月から九月にかけて、『海南新聞』は香川県を舞台とする「特種民族調」なる記事を一二回にわたり連載した。また、一〇月、大庭《おおば》柯《か》公《こう》は雑誌『大観』に、被差別部落の人びとは「日本国民中の退化種であり、奴隷種であり、壊血種であり、犯罪種族である」から、これまで社会から排斥され忌避されてきたことは不当ではないと述べた。これは、本章第三節で述べた賀川豊彦の認識をそのまま踏襲していた。

これまでにも述べてきたように、被差別部落の人びとの「人種」のちがいを言い立てるものは以前からもあったが、米騒動を経て新たにそれに残虐性や暴民性の指摘が加わり、被差別部落に対する恐怖意識も加わった。しかもこのようなさまざまな憶説や謬説が横行するようになった背景には、米騒動を通じてこれまでになく部落問題に幅広い関心を呼び起こした反面、そのことの副作用として、たとえば大庭のようにこれまでに部落問題に対してほとんど関心や知識をもたなかった人びとまでもが、部落問題を聞きかじって発言するようになったことが指摘できよう。

同情融和

内務省は、米騒動と、その後高揚する労働運動や小作争議などを前に、社会運動全般について対応を転換する。すなわち、資本家階級と労働者階級、あるいは地主と小作人の対立をありうべからざるものと否定してかかるのではなく、その存在を前提とした上で両者の対立の緩和・協調をはかっていく協調政策を採用していった。

一九二〇年には、内務省に社会事業や労働行政などを行う機関として社会局が設けられ、一九二二年には外局に昇格する。

そのような中で、部落問題への取り組みも変化し、一九二〇年度に部落改善費五万円の予算がついたことも大きな進展であった。また、「融和」という考え方が広まっていったのも、一面で協調政策の影響もあったと考えられる。

帝国公道会も機関誌を『社会改善公道』と改め、ふたたび部落問題に向き合うこととなった。一九一九年二月に、帝国公道会主催で行われた大会が同情融和大会と銘打たれていたことに示されるように、この時期の「融和」は、「同情」を前提とするもので、その大会に出席した内務省地方局長の添田敬一郎は、「部落外の人びとが同情を表し、すすんで結婚までするというくらいにしなければいけないのであるが、世間の同情を買い、無差別の状態となるためには、部落の人びとの改善とそのための自覚が必要である」と述べた。大江卓もまた、被差別部落の厳重な監視の機関をつくることと、敬神思想による国家意識の育成による部落改善の必要をまず説いた上で、融和実現のために社会の同情を訴えた。

これらに明らかなように、当該時期の融和は、あくまでも被差別部落の人びとの改善の努力がなされることが前提とされていた。しかも、「人種」がちがうとまでいうような差異を前提としたところの融和であったから、それを実現するには、社会の「同情」を引き出さないかぎり、部落と部落外の溝は埋められないものと考えられていた。

のちに述べるように、水平社は、このような認識に徹底的に抗いながら立ち上げられたのであった。

結婚問題への着目

融和をめざす以上、結婚差別への対応は避けられない問題であった。論壇などにも、最も困難な問題として結婚問題をどうするかを憂える意見が登場する（『中央新聞』一九一八年九月二〇日、等）。

政府は、一九一七年と一九二〇年に全国の被差別部落調査を行っており、そこでは、日露戦争後の段階ではなかった結婚状況が新たに調査項目に加わった。それによれば、一九二〇年の三重県の結果は、部落民間の結婚が四四五件に対して部落外との結婚は一三件にすぎなかった。一九一七年の広島県の調査でも、前者が五五三件に対して後者は二八件（ほかに雑婚一三一件）で、部落外との結婚がほとんど実現していない状況の一端が見てとれる。とはいえ、「融和」など議論の対象にも上らなかった日露戦後の段階から比べると、「融和」の根本にある結婚問題に関心が向けられることになったことそれ自体、社会の認識の大きな変化であったともいえよう。

第三章　解放か融和か

1　自力解放を求めて

人種差別撤廃要求と部落差別の矛盾

第一次世界大戦の終結は、米騒動に勝るとも劣らず部落問題のあり方に大きな転換をもたらすきっかけとなった。

一九一四年から一八年にかけて行われた第一次世界大戦が終わり、翌一九年一月には、フランスで開かれたパリ講和会議に、日本政府は人種差別撤廃要求を提出する。それは、日本がアメリカ、オーストラリア、カナダにおいて「黄色人種」として移民排斥などの差別を受けてきたことに抗議の声を上げたものであった。

それに対して即座に、石橋湛山や吉野作造ら知識人たちから、外に向かって差別の不当性を指摘するばかりでなく、中国や朝鮮への日本の対応を省みることの必要が指摘され、それよりやや遅れて、被差別部落の人びとに対する差別を内に孕んだまま、人種差別撤廃を声高に叫ぶ大国日本の矛盾を衝く声も現れた。

その一つが、一九一九年に創刊された雑誌『解放』に掲載された、正親町《おおぎまち》季董《すえただ》「特殊部落より見たる社会」であった。彼は、日本は朝鮮・台湾の「新附の国民」をいかに待遇しているかと問い、また、法制上同等の権利・義務を有している祖先伝来の国民が、いかに社会の冷遇に泣いているか、とたたみかけた。そうして彼はいう。「斯くの如き国内の状態を放擲して置いて人種の国際的差別を唱へて見た所で一笑に附し去られるのが寧ろ当然である」と。

被差別部落でも、同じような考え方に立ち、差別撤廃を求める団体が各地に続々と誕生する。一九一九年四月に長野県にできた上高井平等会や一九二二年に埼玉県に誕生した北埼公道会などがそれで、上高井平等会の創立大会では、「講和委員牧野男〔講和会議で全権を務めた牧野伸顕を指す〕がヴエルサイユの檜舞台に於て人種差別撤廃を叫びながら国内には特殊部落などゝ人種の差別をするのは甚だ不徹底の事だ」との主張がなされた（『社会改善公道』第七号）。

こうして、人種平等、人類平等という考え方が浸透し、被差別部落の中からも、神社の氏子や学区から排除されてきたことに対する抗議の声が噴出しはじめる。また、ロシア革命が起こり、第一次世界大戦において連合国が「専制主義」ドイツに勝利したと捉えられたことが、デモクラシーの「世界の大勢」という認識を氾濫させ、「デモクラシイ」「社会改造」といった言葉を論壇に押し出した。

第一次世界大戦中からアメリカ大統領ウィルソンが、ドイツをはじめとする同盟国側の支配下にあった民族問題解決の手段として唱えた「民族自決」も、こうした流れを加速させるものであり、「民族自決」はロシア革命の指導者レーニンによっても、社会主義の立場から主張され、アジアでもこれらに促されて、朝鮮では三・一独立運動が、中国では五・四運動が起こった。

人種起源論の粉砕

そうした状況に促されながら、歴史学者の喜田貞吉が、被差別部落人種起源論の誤りを明らかにしたことも、これまで「融和」ということばで表現されてきた、被差別部落と部落外の境界を取り払い、〝同じ〟になろうとする動きを後押しすることになった。

喜田は、一九一一年に起こった南北朝正閏問題で文部編修官を休職処分にされた反骨の歴史家としても知られており、一九一九年一月、個人雑誌として『民族と歴史』の発行を始め、その半年後の七月、第二巻第一号を「特殊部落研究号」と題して部落史研究の特集号に充てた。

その「発刊の辞」には、「之〔被差別部落の人びとを指す〕を自然の成行に放任し居り候事は、啻《ただ》に彼等に対して同情に堪へざるのみならず、現時人種差別撤廃を世界に対して呼号する我が同胞間にありて、なほ此の差別撤廃の実現せられざる事は、洵《まこと》に相済まざる次第と存じ候」と述べられており、喜田を部落史研究へとかり立てた理由の一つが、日本が提出した人種差別撤廃要求であったことが明らかである。

喜田は、「同化融合」を阻んでいる社会の「賤しきもの」「穢れたるもの」という意識を問題にし、その根底には人種起源説があることに注目した。それゆえ「エタ源流考」と題する論文では、「まずその結論を初めに廻して、一言にして自分の所信を言えば、もと「エタ」と呼ばれたものは、現に日本民族と呼ばれているものと、民族上なんら区別あるものではないということに帰するのである」との一貫した見解のもとに、「エタと非人と普通人とは、それ〳〵関係あるもので、本支分流互に網の目をすいた様に組み合つて居て、とても簡単な系図ではあらはす事の出来ない程のものである」ことを提示して見せた。

それは、喜田自身「永く部落の民であるよりも、先ず日本の民となるが急務であります」（『民族と歴史』第四巻第六号）と述べるように、植民地領有国となった日本の新たな統合のあり方として、アイヌや朝鮮の人びとをも射程に入れた大日本帝国への「同化」を実現するという課題と不可分であった。しかし「人種平等」という普遍的原理が台頭する一方、米騒動を機に被差別部落を特殊視する風潮も強まる中で、喜田が歴史学という学問的根拠に基づき、人種起源論を粉砕したことの部落問題をめぐる認識に与える影響は、すこぶる大きかったといえよう。

加えて喜田は、「堂上諸家」といえども、系図をさかのぼれば無数の落伍者が隠れており、「貴族高氏」にいたっても、厳密な意味で自ら称する家系を立証しうるものはほとんどないのであり、貴も賤もみな同一の日本民族であって、いずれもわが社会組織上における一時の現象たるにほかならない、と述べて、「家系」に対する幻想を徹底的に打ち砕いた。

喜田は、水平社創立後は、融和団体の統括機関である中央融和事業協会（後述）への協力を惜しまず、差別撤廃のための講演活動を行っていく。喜田のそのような向き合い方を融和主義として葬り去ることも容易だが、少なくとも彼の主観的意図は、差別に対する憤りに発して差別撤廃を実現することにあったのであり、しかも彼が人種起源論を粉砕して以後、かつてのように政府が発行する冊子などで人種起源論が唱えられることはほぼなくなった。しかし、社会の認識は容易には変わらず、人種起源論に基づいて部落問題を理解する者も多かった。また生物学的な意味での「人種」のちがいを知識において否定することはできても、文化的相違が絡み合い、きわめてあいまいな血筋、ケガレといったものに託して「生まれながら」のちがいを強調する言説があとを絶たないことは、本書を通じて述べているとおりである。

同愛会の誕生

このように、第一次世界大戦後は、米騒動時とは打って変わり、人種平等・人類平等といった普遍的な平等論が社会の中で認知されたときであった。「解放令」も平等の拠り所にはなったが、それが天皇の臣民という枠組みの中にあるのとは異なり、臣民・国民といった枠を超えた〝開かれた〟平等論であったことに留意しておく必要がある。しかしその一方、米騒動、そしてその後の自主的な解放運動の成長を経て、被差別部落の人びとは「こわい」とする意識も芽生え、先に述べたような差別意識も脈々と維持されていた。

そのような潮流の中で生まれた新たな部落問題の取り組みを代表するものに、有馬頼寧《よりやす》が会長を務めた同愛会という団体がある。有馬は、旧久留米藩主の息子として生まれ、華族として皇室を守らなければならないとの使命感から、一九二一年四月、自ら会長に就任して結成にこぎ着けた。

当初は『愛に満てる世を望みて』と称し、やがて『同愛』と改題されたこの機関誌を追っていくと、同愛会がそれ以前の帝国公道会とは明らかに異なる、〝開かれた〟平等論に立脚した運動であったことが見てとれる。そこでは、部落差別は「不合理な、没人道な事」であり、その撤廃は「正義の主張」と位置づけられた。

有馬は、一方では、皇室を擁護するという使命感がきっかけだったというに相応しく、創刊号巻頭に明治大皇の歌を掲げていたが、彼がそれと共に依拠したのは「人類愛」であった。トルストイの信奉者であった彼は、「真の愛に立脚した融和」を実現するという理想に燃えており、彼のいう「真の愛」は、帝国公道会が喚起しようとした、被差別者よりも一段高みに立ったところからの同情とは異なっていた。有馬は、「吾々が大それたお前達を解放してやらうとか、お前達を救済してやらうとか、お前達を引上げてやらうとか、同情の理解のと云ふことは御互の間に言ふ可らざることであらうと思ひます」といい、「解放を要するものは必しも部落許りではありませぬ。吾々自身が第一解放されなければならない、吾々は此日本社会と云ふものを立派なものにして、吾々日本の社会に生存をして居る総ての人を幸福にすると云ふことが吾々の務だ。解放されなければならないのは部落の人達だけではないのでありますと訴えた（「最初の叫び」『同愛』第三五号）。それゆえにこそ、以下に述べるように、米騒動後、被差別部落の人びとの反発を買い、しだいに影響力を失っていった帝国公道会に代わって、同愛会が一定の支持を獲得しえたのだといえよう。

色あせる同情融和

そのような状況のもとで、喜田貞吉が、「近頃は大分思想が変わって来て、先年帝国公道会の催で、東京で二度までも開かれた同情融和のようなものは、ある一部の間には評判がよくない」（『学窓日誌』）と記しているように、帝国公道会に代表される「同情融和」に反発する動きが、被差別部落の中でも生じていた。

地方紙などに、被差別部落の人びとの主張も登場しはじめる。『愛媛新聞』（一九一九年八月二〇日）に載った投書は、「近来特殊部落の改善とか云つて盛んに講話をなして廻る御役人がある。あれで果して改善が出来るだろうか、改善とは果して何の事か」と問い、自分たちは、「継子扱ひ」されて、「侮辱」されていると言い切る。さらにこうも述べている。「特種々々と云つて特別に扱はれ其扱はれる度毎に吾人は断腸の思がする」、「我等は学力に於て、衛生に於て、其他一般的道徳に於いて普通人より劣れりとは思つて居ない」と。

ここには、自分たちを劣った者と見なして差別することへの怒りと、そのような認識を前提に行われる部落改善政策への反発が示されており、そうした心情を支えているのが、「帝国臣民」としての義務を果たしているという自負であった。そうして「同情融和」や「部落改善」に代わるものとして彼らが追求していったのが、「部落民自身の向上」であり「自覚」であった。それは、「改善」の効果を上げるために権力者の側からも、当時さかんに求められたものであった。

喜田貞吉が人種起源論を粉砕したことも功を奏したのであろう、被差別部落と部落外のちがいは絶対的なものではなく、文明化の進展度合いによるものであって、改善によってその差異が埋められるという認識が登場するようになった。当該時期に頻繁に用いられた「立ち後れたる部落」という表現は、たんなる蔑視ではない。そのような認識の反映でもあったのである。内務省社会局も部落改善事業を、「立後れたる部落をば改善し、普通部落の地に向上させる為の働きである。所謂普通部落との差別を撤廃せんとするの努力である」と定義しており、第一章で見た日露戦後の認識とは大きく隔たっていた。

そのような変化は、これまでに述べてきたような第一次世界大戦後のデモクラシーの潮流によって促された面も大きいが、それのみではなく、衛生思想の普及や、格差を伴いつつではあれ大戦ブームのもとでの生活水準の向上、そして被差別部落住民の意識の成長などの

〝実態〟の変化が、それを支えていたことも看過しえないであろう。

被差別部落の人びとの「自覚」も、そうした背景のもとで生じてきたものであった。

「自覚」の追求

被差別部落の人びと自身による「自覚」追求の動きは、さまざまな形をとって各地に噴出した。

奈良県磯城《しき》郡大福村（現桜井市）の被差別部落にできた三協社という団体の機関誌『警鐘』の中心的な論点の一つは、やはり「自覚」であった。たとえば、ある者は、「青年ニ何ノ独立不羈ノ精神アリヤ。恰モ牛ガ鼻ヅラヲ引カレテ歩ムガ如クデハナイカ」と問いかけ、「嗚呼青年ヨ諸兄等モ我ガ村ノ青年デアル以上青年トシテ十分自覚セラレ自覚ノミナラズ之ガ改善ヲ図ラレタイノデアル」（丸橋龍夏「無自覚ノ罪」、一九二〇年一一月）と述べて、これまでに行われてきた改善運動を乗り越えて、自らが立ち上がらなければならぬことを青年層に訴えた。そうした「自覚」を背後から支えていたのが、臣民、あるいは国民の一員としての誇りであったことは、「忠臣軍人、□《ママ》者、政治家、俠客等あらゆる方面に偉人傑物、枚挙に遑が無い程輩出して鴻恩の万分の一に酬ひ其の為人の為尽して居るではないか」（阪本紫舟「卑下する勿れ吾等同胞よ」、一九二一年一二月）という同誌の投稿にも示されており、自らも国家社会に貢献し、「鴻恩」に報いているとの確信をもてることが、「自覚」をもつ原動力たりえるのであった。

燕会――「無差別社会の住人」を求めて

全国水平社を立ち上げるにあたり、中心的役割を担うことになる燕会に集う青年たちも、出発点はそれらと同様であった。燕会は、奈良県南葛城郡掖上《わきがみ》村柏原（現御所市）の被差別部落の青年、西光万吉《さいこうまんきち》（本名清原一隆）・阪本清一郎・駒井喜作・池田吉作らによって一九二〇年に結成された。

その中の一人西光万吉は、画家を目指して東京に出るが、差別に遭って画家の夢も断念し、ふたたび故郷に戻って来た。ちょうどその頃、海外や北海道などに移り住めば差別もなく、また仕事もあり新天地が開けるとして、被差別部落の人びとに移住・移民が勧められていた。生きることに希望を失った西光は、同じく差別に苦しむ故郷の青年たちとセレベス島（現在のインドネシアのスラウェシ島）に行くことを計画する。結局は費用が得られずその夢も断たれるが、そのときに南の島に飛んで行く燕に見立てて燕会と名づけられたという。

彼らは、区内の支配層の専横を暴露する一方、自分たちが中心になって消費組合運動を起こすなど区政改革を目指した。また、ユダヤ人問題や社会主義の考え方にも関心を寄せながら、部落問題研究部を設けて、差別の理論的解明を目指していったという。彼らにとっては、社会主義者だけが「無差別世界の住人」であり、社会主義者でありさえすれば、そのなかに考え方のちがいがあろうとも、とにかく安心して話ができた、と西光万吉は語っている（西光「水平社が生まれるまで」『西光万吉著作集』第一巻）。社会主義は、新たな部落解放のあり方を探りあてていく上で、大きな拠り所であった。

「人種差別撤廃」というスローガンも、彼らを勇気づけるものだった。阪本清一郎は、当時を振り返りこのように述べる。「当時、第一次世界大戦が終ってのパリ平和会議で、「人種差別撤廃」、「民族自決」の問題が取り上げられインドではガンジーのスワラジー運動、アイルランドではデ・ヴァラのシン・フェン党の運動、その外アフリカでは黒人の民族独立運動が燃え上っていたので、私たちも、自らの力で部落を解放する運動を起さねばならぬと考えるようになりました」（「水平社の思い出」『荊冠の友』第五号）。むろん彼らは、自分たちが、周囲から言われるように異民族という自己認識をもっていたわけではない。彼らはそうした運動に少数被抑圧者としての心情的レベルでの連帯感を抱き、それらの人びとが自力で運動を立ち上げていることに勇気づけられていったのである。

また彼らは、これまでそれぞれが差別を受けてきた体験から、それに抗するための一致団結の必要を強く感じていた。柏原の被差別部落は、明治時代から村にある本校への通学、墓地の統一、氏子排除の廃止などを勝ち取ってきた経験をもっており、そのことが阪本らの若い世代にも遺産として受け継がれていた。ふたたび阪本は、次のように述べている。「今から考えると何でもないことのようですが、当時としては革命的ともいえる行為であって、このことを私が小さいときから父なり、村の年寄りから聞かされ、いつの場合でも、部落民は一致団結しなければならないことをハッキリと教えられたのです」（前掲「水平社の思い出」）。

こうして、これまでの「部落改善」や「同情融和」と異なる途を探し求めていたときに、総合雑誌『解放』一九二一年七月号に発表された、社会主義者佐野学の「特殊部落民解放論」に出会った。そこには、不当な差別から解放されるためには、被差別部落民自身が集団で立ち上がらなければならないことが力説されていた。この論文は、西光の心を捉え、西光は柏原の部落の仲間たちとともに、佐野らの社会主義の考え方に学び、人間としての尊厳を取り戻し、差別からの解放を勝ち取るためには、同情と哀れみによる融和運動や被差別の側に責任を帰せる部落改善政策と決別し、自らが立ち上がらねばならないことを自覚していった。

他の部落でも同じように、部落改善や融和運動を乗り越えて、自らの力による解放の途を模索している人びとがおり、彼らは、西光らの水平社結成の企てを知るや、互いに連絡を取り合って結集していった。

そうして水平社結成に向けて具体的に動き出すこととなり、一九二二年二月二〇日の大日本平等会主催大日本同胞差別撤廃大会での宣伝を経て、同年三月三日、全国水平社結成にこぎ着ける。

2 「エタ」としての誇り——全国水平社の創立

全国水平社創立

一九二二年という年は、三月三日の全国水平社創立に始まり、日本共産党の創立、日本農民組合の結成と、社会運動団体の誕生が相次いだときであった。

一九二一年一一月には、駒井喜作の自宅に水平社創立事務所が設けられ、二二年一月には、燕会の名義で『よき日の為に――水平社創立趣意書』が発行され、『明治之光』の購読者名簿をたよりにそれが送られていった。

三月三日、京都市岡崎公会堂に約二〇〇〇人とも三〇〇〇人ともいわれる数の人びとが各地から手弁当で集まり、初代委員長を務めることになった南梅吉の「開会の辞」、阪本清一郎の、結成にこぎ着けるまでの苦労に満ちた経過報告に次いで、綱領、宣言、決議が朗読された。

水平社の旗は「荊冠旗」と呼ばれるもので、西光万吉がデザインした。暗黒の中に血の色で荊冠が描かれており、それはキリストが十字架にかけられた際にかぶせられた荊の冠を受難と殉教の象徴として採り入れたものであった。

全国水平社の本部は、創立当初は、京都に置かれた。

「宣言」は、「全国に散在する吾が特殊部落民よ団結せよ」に始まって、これまでの「同情融和」がいかに自分たちを苦しめてきたかを語り、次いで、「吾々の祖先は自由、平等の渇仰者であり、実行者であつた」ことを述べたあと、「吾々がエタである事を誇り得る時が来たのだ」と、自らの誇りを高らかに謳い上げる。まさに「エタ」として「特殊部落民」として蔑まれてきたことからの誇り回復の決意表明にほかならなかった。「特殊部落民」「エタ」

ということばを自ら用いたのも、「宣言」の起草にあたった栗須喜一郎の回想にあるように、「むしろ「エタ」であることを誇り、輝かしい名にするための水平運動であるから、我々はその名を怖れないで堂々と名のってよいのだ」という考えで一致していたからであった。栗須は「われわれの使う「エタ」「特殊部落」はそれをなくするための言葉で、決して恥ずべきではないということでみんな自信をもつようになった」と述べる（「座談会——水平社創立大会をめぐって」『荊冠の友』第八号）。このような誇りの発見は、差別されるのは自分たちに原因があるのではないかと考えて自らを卑下してきた被差別部落の人びとを魅きつけるに十分であり、運動を高揚に導いていった。

　もちろん彼／彼女らも、同じ人間として、同じ国民あるいは臣民として承認されたいという強い願望をもっていた。しかし、「部落民」が「部落民」として運動を旗揚げするには、「同じ」になろうとするだけでは立ちゆかない。ありのままの自分たちの誇りを前提に、たとえ運動を立ち上げる際の一時期にせよ「部落民」という集団のアイデンティティを獲得していることが必要であった。

被差別体験と重ねて

同じ奈良県の小林という被差別部落から、全国水平社大会に駆けつけた木村京太郎は、自伝『水平社運動の思い出』の中で、このときの思いを次のように語っている。

宣言の冒頭に「全国に散在する特殊部落民よ団結せよ！」と、書いてますね。これは、特殊部落民ってことばによって今までいじめられ、苦しめられ、泣きの涙で泣いておった。だからそのことばを聞くことすら針刺されるようなのに、それを自分自らが宣言するんですから、初めっから、あっけにとられたんです。そして読んでいるうちに同情心によって部落問題が解決されるんでない、我々自身の正しい主張によって、解決されるんだと書いてある。そうした思いがぴたっと自分の心に、もう理屈を離れて身に滲んだわけです。

そこに至るまでがいかに苦難の道のりであったかを、さらに彼は次のように述べている。

今までは差別されるのはやむを得ないんだ。貧乏だとか風儀が悪いとかことばが汚いとか、そういう欠点ばっかり教えられてね。それを改めない限りにおいては差別されるの当たり前やと。それを取り除くために努力しようとしてきたのです。私たちは小学校時代から差別を体験してますな。学校へ行ったら先生は部落のこどもだから別の席に座らせるとか。青年が街へ行っても飲食店、床屋、浴場、劇場そういう公衆の集まるところへ入れてくれないし、食べさせてもらえない。そうして私の生まれた村なんかは大正の初め、第一次世界大戦の前後は神戸、大阪、京都へ働きにでてるが、普通の工場では働かせてくれない。掃除夫や市役所のごみの収集、肥料の汲み取り、沖仲仕といったしんどい仕事が多かった。

これまでの差別の痛苦が甚大であっただけに、自らの主張の正しさを確認しえたときの感動はいっそう大きかったのだろう。

全国水平社という拠り所を得た被差別部落の人びとは、それぞれが味わってきた差別の苦しみを、集団の力で世の中に問うべく立ち上がっていった。全国水平社創立大会ののち、四月二日の京都府水平社の設立を皮切りに、四月一四日の埼玉県水平社、四月二一日の三重県水平社と、続々と地方水平社が生まれた。その年一二月の警察調べによれば、水平社は本部を入れて二二団体、会員数では三重県の六八五名が最多と報告されている。
　木村が語ったような日常の差別、そして会話の端々に現れる差別的な言動に対する抗議運動も展開されていった。警察の調べによると、そのような差別糾弾事件は、一九二三年には八五四件、二四年は一〇五二件とつづき、差別的言動が次々と告発されていった。このようなまたたく間の運動の広がりを野原に放った火に喩えて、しばしば、「燎原の火のごとく」と表現されてきた。

小学校での差別との遭遇

　全国水平社創立の時、福岡県筑豊の被差別部落から京都平安専修学院に僧侶の修行に来ていた二四歳の青年田中松月は、やはり二階の傍聴席で「感激の坩堝《るつぼ》」としかいえないような気持ちを味わったと言い、小学校で初めて差別を体験したときのことを次のように語る。

　私が足を洗っていると、がーんとぶん殴ったものがいる。見ると一年落第したクラスのなかで一番の乱暴者だった。それが、「貴様、えたごろのくせに、俺より先に足を洗うのは何事か！」といって二つほど殴られた。私は家では、「学校で何かもめごとがあったら先生に申し上げろ」と言われていたものだから、先生に申し上げるつもりで周りを見るというと、先生は先ほどからの様子を見ていて、にこにこ笑っている。

それから、毎朝、校長先生が一段高い朝礼台にあがって、全校生徒に話をするときに、我々の部落の地名を読み上げて、「これらはえたごろ、うらめし」と言ったことがあった。校長先生がですよ。すると、私たちが立っているそばで、クラスのものがじろっと見る。そんなときの気持というものはあんた、もう何とも……。（福田雅子『証言　全国水平社』）

全国水平社が取り上げた事件の中でも、小学校での差別事件は、水平社創立からまもない一九二二年五月、木村京太郎が中心になって闘った奈良県の大正高等小学校差別事件をはじめ数多い。水平運動の担い手たちの多くも小学校での被差別体験を語っており、部落外の子どもと同じ学区であった場合には、最初の差別との遭遇の場が小学校であることが少なくなかった。

全国水平社創立大会で、山田孝野次郎《こ の じ ろう》が小学校で教師らから受けてきた差別を目に涙を滲ませて訴え、聴衆の深い感動を呼び起こしたことはよく知られている。山田が小人症を患いながら名演説を展開したという当人の資質もさることながら、背景に厳しい学校での差別があり、山田〝少年〟――彼はその風貌と実年齢にズレがあり当時すでに一六歳であった――はその象徴的存在であったともいえよう。山田は演説に秀でており、のちに全国水平社委員長となる福岡の松本治一郎にその才能を買われ、やがて福岡に活動の拠点を移すが、一九三一年、脳腫瘍のため二五歳で死去した。

3　被差別部落の女性と婦人水平社

忍耐と服従

〝燎原の火のごとく〟広がった差別糾弾闘争は、被差別部落の人びとをとりまく日常のあらゆる差別を告発していった。前述の大和同志会の運動を継承した反本願寺闘争をはじめ、学校や軍隊の差別もその対象となった。

持続的な力にはなりえなかったが、少年少女水平社や婦人水平社が立ち上げられたことも、そうした日常をとりまく差別に抗する部落解放運動の特徴であった。

大阪・泉州の被差別部落で聞き取りを重ねてきた、ただえみこは、その成果を、『唄で命をつむいで――部落のおばあちゃん、母、そして私』という本にまとめ、その中で女に対する差別は生まれ落ちたときからはじまることを、部落に生きてきた女性たちの言葉を通じて次のように明らかにしている。部落外でもそうであったように、部落でも生まれた子どもが女とわかると「がっかりされる」。「できた子がおなご、またおなごってなったら、余計女の子を粗末にすんや」。「どない言うても男は上、女は下やもん」。男が「家のあと取り」という観念は、被差別部落にも、強く浸透していたと思われる。

乳飲み子の時期を過ぎた女子に待ち受けていたのは、「部落ゆえ、たまにしか仕事につけん男」に代わって、一分一秒の間も惜しんで必死に内職の草履表作りに生活をかける母親を助けるために、早い場合には三歳から赤ん坊の子守りをすることを余儀なくされる暮らしであった。六歳ぐらいから食事の支度などをし、さらには他家へ「守り奉公」に出されることもしばしばであったという。その一方で男の子の場合には、子守りなどできず何の役にも立たないと考えられていたために、「親の手ぇ取らんように外へ出て機嫌よう遊んでくるのが、親助けや」とされていた。

女の子が子守りや家事手伝いによって奪われたのは、遊びの時間だけではなかった。「男の子は、字ぃ読めなあかんよって、親も無理して学校へ行かす。女は字ぃ読めんでもええ言うて」「学校行かんと守りしてた子、ようさんおるやろ」「ほとんどがそやろ。わし、学校の庭一回も踏んでへん」

女の子は手伝いに欠かせないというだけでなく、女に学問はいらないという考え方が当時の人びとを捉えており、それらによって女性は男性に比べて、いっそう学校で学ぶという道を塞がれていたのである。

結婚は、男性が伊勢表（草履表）を編む女性の作業場に自分の好意を抱く女性を目指して訪問し恋仲になるという伊勢地方の「ゲンサイ遊び」や、「内緒持ち」という交際期間を経て結ばれる泉州地方のあり方などからわかるように、おおむね恋愛によるものであったといわれている。しかしながら被差別部落の婚姻のあり方もより追究していくと、男女対等の関係によって成立していたとは必ずしもいえないことが明らかであり、そうした自由恋愛の背後に隠された不平等を次の語りから読み取ることができる。

「わたしは、泣き泣き行ったんよ。一九になりかけで。嫁入り言うても、知り合うも知り合わんも、ほとんど親同士（が決めた）」

「親同士で〝うちの息子におたくの娘やってくれるか？〟〝ほな、もうてくれるか〟親同士で話がなってるわ。ほて、娘が仕事から帰ってきたら、もう〃もらい酒〃で一杯飲むこしらえしてるわな。娘（が）〃何やなぁ？〃〃お前、あの人に嫁さんに行くんや〃言うて、強制的。そのときは、泣き泣き抵抗するけど、親の目の黒いうちは、勝手ささへん。〃ここ行ったら、大丈夫やから行け〃て」

それでも、先に見たような守り奉公などの労働のつらさゆえ、「そらまあ、守り奉公より、嫁入りの方が楽さしてくれるかな、思て。そんな気持ちで嫁入った」という証言にあるように、そのような状態からの逃げ場を結婚に求めた場合も少なくなかったであろう。しかし結婚後も、被差別部落の女性たちは、男性の仕事が不安定であったために部落外よりもいっそう厳しい労働に従事することは避け難く、暮らしを維持するための重要な稼ぎ手とならなければならなかった。

「二重三重の差別と圧迫」の告発

こうした女性たちの抱える問題を汲み上げるべく誕生したのが婦人水平社であり、一九二三年に開かれた全国水平社（以下、全水と略記）第二回大会で、「全国婦人水平社設立の件」が可決され、結成に至った。

婦人水平社が活動したのは、一九二〇年代末までと短期間で、全国水平社に比べると、結集した人の数も限られてはいる。しかしながら、社会運動がおおむね男性中心に進められてきたという歴史に照らしてみるならば、被差別部落の女性たちが水平運動に立ち上がったことの意義は大きいといえよう。

全国水平社に集う男性たちが婦人水平社設立を支持したのは、一つには、女性を目覚めさせないと、男性が水平社の活動をするのにブレーキをかけるなどの障碍になりうること、もう一つは、女性を動員することによって、少しでも戦力を拡大する必要があること、といった理由でしかなかった。しかし運動に立ち上がった女性たちは、そのような男性たちの思惑を超えて、果敢に主張を展開していった。

岡部よし子は、全水第二回大会で、「自由と解放は自らの力によってこそ獲られるもので、この力こそ全部落民の団結です。部落婦人よめざめよ。二重三重の差別と圧迫をとり除くために」と述べて、もはや女性が男性に依存していてはならないことを説き、部落解放運動の主体となるべきことを呼びかけた。

阪本清一郎の妻・阪本和枝(一枝)も、「二重三重の差別と圧迫」を指摘し、「男女の差別があってはならぬ」と述べているように、部落差別のみではなく、女性固有の問題にも目を開いていった。

一九二四年の全水第三回大会で、婦人水平社の発展に向けて決意することが可決されて以後、全国水平社も、これまで以上に積極的に女性問題に取り組むようになり、機関紙『水平新聞』にも「婦人欄」が設けられた。そのなかには、「朝早くから夜晩くまで働きぬいて、それ等の人々に日常事欠かさぬように、米麦を作り、種々な工業に身を砕いてゐる生産者としての我々部落婦人が、何故いつまで、賤民□（判読不能）侮辱され、貧乏人として苦しまねばならないのでせうか」といったように、被差別部落の女性たちの具体的な実態に触れるものも登場する。さらにはそれは、「虐げられてゐる者の解放は、虐げられてゐる者自身がやるべきものです、世界の一番ドン底生活をさせられてゐる私等部落婦人は自分等の使命を、ハッキリと自覚して、この二重三重の鉄鎖を断ち切り、楽しいよき日を一日も早く建設するやう、お互ひに務めようではありませぬか」（『水平新聞』第五号）と述べて、部落差別と女性差別を二重に受けていることを訴えるのであった。

また、全水第三回大会以後は、九州婦人水平社や関東婦人水平社などをはじめ、地方にもそのような運動が広がっていき、二〇年代末に弾圧で水平運動が打撃を受けるまで活発に展開された。

4 「無産階級」の一員として

社会主義をめざして

西光万吉が、「われわれの運動は、「あたかもオノレにほれよ」というごときものである」（『水平』第二号）と述べたことに示されるように、水平社は、「部落民」という誇りをバネに運動を拡大していった。しかしながら、そこに結集した人たちの中にも、やはり依然として、同じ臣民、あるいは国民として認められたいという願望も存在していた。その〝同じになりたい〟という思いは、運動に社会主義の影響が強まる中で、形を変えて表出していった。

一九二三年一一月、高橋貞樹・岸野重春らによって、全国水平社青年同盟が結成された。高橋貞樹は、一九二二年の日本共産党創立の中心メンバーの一人であった山川均の門下生で、彼自身も共産党の結成に参加する。

彼らは、被差別部落には小作人や労働者などの無産階級（プロレタリアの訳語）が多いことから、農民組合運動や労働運動を闘っている部落外の無産階級と連帯して社会の仕組みを改め、社会主義社会を到来させることによって、差別からの解放を勝ち取ろうとした。それは、資本主義社会のもとで存在している、資本家と労働者、地主と小作人、といった階級の対立をなくし、貧富の差のない平等な社会を実現すれば、部落差別もなくなるという考えに立ったものであった。
そのような考え方は、大阪・奈良・京都・三重などの水平社に影響を与え、また、しだいに中央本部の中でも影響力が増していった。

高橋貞樹と『特殊部落一千年史』

全水青年同盟を率いる高橋貞樹が、まさに水平運動を階級闘争主義に転換させようとしている最中の一九二四年に世に問うたのが『特殊部落一千年史』である。

今、全国に水平運動は野火のごとく燃え拡がりつつある。この大いなる運動の底を貫いて流れるものは、意味なき伝統的賤視観念に対する憤激の涙である。特殊部落民が過去に背負うた生活ほど、惨めに抑圧せられたものはない。本書は、特殊部落民一千年の歴史を統一的に記述し、水平運動がいかに歴史必然の行程であったかを示さんとする試みである。

これは、この本の「序文」の冒頭に記されている文章である。高橋は、そのような問題意識のもとに、前述の柳瀬勁介『社会外の社会穢多非人』と喜田貞吉の歴史研究に拠りながらこの本を著した。全体は、「第一編　特殊部落の歴史的考察」と「第二編　特殊部落の現在と水平運動」からなり、第一編では、古代から徳川時代までを、第二編では、明治維新の「解放令」に始まり、同時代の水平運動までを叙述している。

高橋は、一九〇五年に大分県で生まれ、経済学者・社会政策学者の福田徳三に学ぶべく東京商科大学に入学するが、福田の講義に失望して大学を去り、山川均のところに出入りするようになった。一九二二年、彼が水平運動に参加したときはまだ一七歳であった。

その後彼は、水平社の教育宣伝部門を担当して、全水青年同盟を通じて水平運動に社会主義を浸透させることに努め、一九二六年からの二年間は、コミンテルン（共産党の国際組織）のあったモスクワに渡り、コミンテルンで通訳として働いた。

一九二八年、三・一五事件（全国の日本共産党員ならびにその同調者に対する弾圧事件）で運動の指導者たちが一斉検挙されたのを知り、運動再建のために帰国するが、彼もまた翌年の四・一六事件と呼ばれる弾圧で逮捕され、懲役一五年を言い渡された。それから数年後の一九三五年、かねてから患っていた結核が悪化し、獄中で三〇歳の生涯を閉じた。『特殊部落一千年史』は、彼が一九歳のときに書かれた。初版はすぐに発行禁止となり、それからまもなく『特殊部落史』とタイトルを改め、発行禁止の対象となる文言を伏せ字にしてふたたび出版された。

その中では、次のように記されている。

支配者は、種族的反感をもってまず嫌悪する。すでに混合した複合民族である以上、一分子を特に嫌悪する理由はないのである。けれどもそれを奴隷として使役し、さらにこれに宗教的感情をもって賤視する。社会の進化は間もなく種族的反感を消滅させ、また種族として特に区別することができなくなり、そのかわりに強い人為的な賤視観念がこれに代わる。

これは、古代から近世（江戸時代）に至るまでの変化を描いたものであるが、この指摘が、明治以後にたどってきた道筋と重なり合うことに驚かされる。

この本は、沖浦和光の努力により、一九九二年、岩波文庫として広く読まれるようになった。その際に、多くの人びとの目に触れる文庫であることに配慮して、もとのタイトルにあった「特殊部落」という語を用いずに、「被差別部落一千年史」と表題が改められた。

水平運動への反発――世良田村事件

高橋らが推進してきた全水青年同盟の考え方が支持された背景には、水平社創立以来の差別糾弾という方法が一つの壁にぶつかっていたことが挙げられる。勢いよく繰り広げられていった差別糾弾闘争に対して、それを妨害しようとする権力は、水平社に厳しい弾圧を加えた。また、糾弾を受ける被差別部落外の人びとは、自らの差別的態度を省みることなく、もっぱら糾弾闘争のあり方について過激に過ぎるなどといった批判を投じ、水平社、ひいては被差別部落の人びと総体に対して恐怖心や反感を募らせていった。

それが表面化した一つの事件が、一九二五年一月の群馬県世良田村事件であった。それは、材木を買いに来ていた新田郡世良田村の住民の差別発言を、水平社のメンバーがたまたま耳にしたことから始まった。水平社員はその場で糾弾を行い、その後水平社は、世良田村の自警団団長と駐在巡査の立ち会いのもとに、謝罪のための講演会を開くことを約束させた。ところが差別発言者は約束を反故にし、それればかりか自警団を含む三〇〇〇人が糾弾者の住む被差別部落を襲撃した。世良田村の自警団は、一九二三年に、村民の誰かが水平社から糾弾を受けたときには村民が協力してその者を庇護し、事件解決にあたるという申し合わせをしていた。それを背景に彼らは、竹槍、鎌、日本刀など武器を携えて被差別部落に押し寄せ、とりわけ水平運動に熱心に関わっていた人の家が集中的に襲われた。二三戸の被差別部落のうち一五戸が家屋に被害を受け、重軽傷者二三名を出すこととなった。

自警団とは、非常に備えて住民たちが自らを守るために組織した民間の警備団体であり、一九二三年の関東大震災のときには、朝鮮人が井戸に毒を投げ込んでいるというデマが流され、歯止めの効かなくなった自警団が朝鮮人を虐殺するという痛ましい事件も起こった。このように自警団は、しばしば自らを守るという名目のもと、集団でマイノリティを排除し、ときに暴力を伴った。

この事件は、その後の運動にも大きな影響を及ぼした。この事件の裁判では、襲撃した側よりも被害にあった被差別部落住民の方に重い刑が科されたこともあって、群馬・埼玉両県では、このあと差別糾弾件数が大幅に減少した。また、一九二三年三月に群馬県を拠点に結成を見た関東水平社も、権力の懐柔もあり、この事件への対応とその後のあり方をめぐって組織が分裂するという事態に陥っていった。

"同じ"無産階級として

この事件に象徴される、差別糾弾闘争に対する人びとの反発という事態への対応の一つとして、水平社の人びとの一部が選びとったのが無産階級との連帯であった。

全水青年同盟、ならびにそれの支持者たちは、差別糾弾を第一義とする運動がしばしば陥りがちな〈差別する者〉と〈差別される者〉という二分法を、ともに無産階級であるという点によって乗り越えようとしたのであった。そうして個々の差別的な言動を捉えて糾弾することよりも、被差別部落の小作人や労働者が、農民組合や労働組合に入り社会の仕組みを変えるべく闘うことに、差別からの解放の望みを託した。

三重県や奈良県などでも、水平社の人びとが日本農民組合（略称日農）などに積極的に加入し、無産階級の一員としての自覚をもって運動を担っていった。

全国水平社の中での青年同盟の影響力は強まり、青年同盟グループ、すなわちボルシェビキ派（ロシア革命で多数派となった共産主義派を指し、通常略してボル派と称する）が主導権を握り、一九二六年の全水第五回大会では、社会主義の考え方を反映した綱領に改められた。それとともに、のちに述べるように、その路線に賛同できない人びとが運動から分裂していった。また委員長も、一九二五年、南梅吉から松本治一郎に交替した。

被差別部落の人びとにとっては、農民組合や労働組合の中で、〝同じ〟労働者・農民として認められることが、まずは差別からの解放に向けての第一歩を踏み出すことなのであった。〝同じ〟でありたいとする願望は、〝同じ無産階級になること〟に振り向けられていった。先にも見たように一九二二年には日本共産党が秘密裡に結成され、しだいにマルクス主義が浸透する中で、かつては蔑みの対象でしかなかった「労働者」がプラスの価値をもち認識されるようになってきたことが、そうした意識の浸透を促した。それは、のちに見るように、青年同盟の運動に共鳴していった人びとの自己認識がことごとく、「部落民」ではなく「労働者」であったことからも明らかである。

加えて、前述のような問題を孕む差別糾弾や啓蒙といった民衆の倫理に訴える方法よりも、マルクス主義による「制度の改造」という具体的構想を伴った戦術に期待を託す方が、より人びとを魅了しやすかったのだろう。

彼らは、あえて部落差別の問題等に触れることなく、被差別部落固有の利害を背後に押しやって、無産階級の一員として運動に参加していった。そのような運動のあり方は、労農水三角同盟と呼ばれ、労働組合・農民組合と水平社の連帯の意義が強調されてきたが、連帯といえども片務的であり、無産運動の側は戦力という点では水平社を歓迎しても、被差別部落の人びとの独自の立場や要求を理解した上での連帯にはおおむね至らなかった。

そればかりか、地域レベルでは、たとえば水平社の人びとが日本農民組合に加入すると、被差別部落外の農民は、被差別部落の人びとと〝同じ〟に見なされたくないがゆえに、一緒に運動をすることを拒んで組合を脱退してしまったり、あるいは日農支部が部落外に広がらないという事態も発生した。小作人や労働者もまた、自己のアイデンティティを維持するために、自らが抑圧されている分、他者を差別し抑圧するという構図から免れてはいなかった。それゆえ、被差別部落の人びとが〝同じ〟「無産階級」の一員となることもまた、そう容易ではありえなかった。

三重県水平社創立時からのメンバーで執行委員長を務める上田音市は、水平社創立とほぼ同時期から日本農民組合三重県連合会を結成し、農民運動に進出していた。しかし上田は、一九二三年の全水第二回大会の場で、「諸君、自分は知った、一般人のプロレタリアは我々の味方でないと云ふことを。諸君、プロレタリアの天下が来ても、我々特殊部落民は解放されないのだ。我々は我々の力で平等な社会を作らなければならない」との失望を吐露し、自力でいくしかないことを訴えねばならなかった。ところがそれから二年後の一九二五年、彼は、「水平運動に応援して貰ひたい。〔中略〕たとひ組合員とも、差別的言動に出でらるゝ時は、水平社同人は糾弾を憚るものでない。よろしく組合員は水平運動に協力され旧慣より解放されたい」（『土地と自由』第四五号）と日農中央委員会の場で呼びかけているのであり、組合員のなかにも差別があることを承知しつつも水平社への協力を訴え、またそれに期待を託さざるをえないという実情が見てとれる。

「ブラク民」意識の死守

その一方、あくまで「エタ意識」、あるいは「ブラク民」としての「兄弟意識」にこだわり、ボル派が主導権を握った全国水平社の主流から離れていった一派がある。一九二五年、静岡県の小山紋太郎らが中心になって結成した全国水平社青年連盟や、一九二七年に南梅吉の呼びかけでできた日本水平社がそれであった。

全水青年連盟の機関紙である『自由新聞』には、「エタ」ということばが頻繁に登場し、「吾々は確固不抜なるエタ意識の上に基礎を置」くという立場が表明されている（第一号）。また、「他の社会運動に比して容易に一致協調を発見し得るのは、ブラク民としての心理から起る、虐げられた兄弟意識だ。それが一縷の望みだ」として、拠るべきは「ブラク民」としての「兄弟意識」であることが主張されている（第四号）。ちなみに、「兄弟」ということばは、被差別部落民同士の連帯意識を表すもので、全国水平社創立の「宣言」の中でも使われた。日本水平社も同様に、「エタ魂の本能を発揮して純水平運動を進めるものである」（「日本水平社本部声明書」）と述べている。

全水青年連盟は、階級意識に立って運動を進めるという点では、全水青年同盟と一致していたが、日本共産党の指導の下に、無産階級運動の一翼を担うことには反対の立場をとった。日本水平社は、そもそも階級対立を前提に運動を進めることには反対であったが、部落民意識を軸に「純水平運動」を進めるという点で、全水青年連盟と一致していた。

このように、水平社が無産階級運動に進出したことは、組織に分裂をもたらしたが、マルクス主義に依拠して社会制度と向き合う視点を獲得したことにより、これまでの個人の糾弾を主たる対象とする運動から、軍隊の中での差別や政府が発行したパンフレットの差別的記述、刑務所職員の差別など、権力が生み出している差別を明るみに出す役割を果たすこととなった。

衡平社《ヒョンピョンサ》・解平社

水平社の運動は、他のマイノリティにも影響を与えた。明らかなつながりを確認できるものとして、朝鮮「白丁《ペクチョン》」の衡平社とアイヌ民族の解平社をあげることができる。

白丁は、李氏朝鮮時代の封建的な身分制度のもとで、賤民として差別されてきた人びとであり、彼らの一部は、屠夫の仕事や柳器製造、獣肉販売などに従事していた。

衡平社は、日本の植民地支配のもと、一九二三年四月二四日、朝鮮の慶尚南道晋州で結成され、翌年には本部は京城（現ソウル）に移る。当時の朝鮮の新聞『東亜日報』（三・一独立運動後の一九二〇年四月に創刊された日刊紙）は、衡平社の結成を、「一般社会において人間らしい待遇を受けず、あらゆる迫害を受けてきた全国三、四〇万のいわゆる白丁階級は、「我々も人間だ！」と叫び、社会平等の一大運動をおこした」（一九二三年五月一七日）と報じ、それを支援した。

水平社が、人間平等の意味を込めて「水平」と名づけたように、衡平社の「衡平」にも、万人の共同社会は、どの片側に傾いてもならず、秤のように平等でなければいけない、という意味が込められていた。「白丁」と呼ばれてきた人たちも、戸籍や職業はもとより、白丁であるがゆえに学校に入ることを拒否されるなど、日常厳しい差別を受けていた。

このように、白丁は、日本の被差別部落の人びととの共通点も多く、衡平社と全国水平社は相提携することがそれぞれの大会にも提案され、一九二四年全水第三回大会は衡平運動と連絡をとることを可決して、その後紆余曲折を経ながらも一九二八年頃まで細々と、主として全水非主流派によって交流が続けられた。

他方、解平社は、一九二六年、北海道旭川にアイヌ民族砂澤一太郎らにより、北海道旧土人保護法に基づく民族差別からの解放を求めて結成されたものであり、違星北斗《いぼしほくと》や森竹竹市らの著作にも、水平社への期待と連帯の感情が表現されている。

5 「融和」をめぐる対立——中央融和事業協会

社会政策の開始と地方改善部の設置

全国水平社が誕生し、各地に地方水平社が生まれ差別糾弾闘争が広がっていったことは、政府に、より本腰を入れた部落問題対策の必要を痛感させることとなった。

全国水平社創立後の一九二三年には、中央社会事業協会の中に地方改善部が設けられて、それが全国につくられつつあった、地方の融和団体の連絡・統制に当たることとなった。中央社会事業協会というのは、一九〇八年に渋沢栄一が設立した中央慈善協会を一九二一年に改称したもので、戦前を通じて社会事業の連絡統制機関の役割を果たした。

なお、地方改善部という名称は、一九二一年に徳島県が「地方改善」という言葉を用いたのを最初に、二三年から内務省も「部落改善」に代わって「地方改善」という語を使いはじめたのと対応していた。部落改善事業がもっぱら被差別部落を対象としていたのに対して、地方改善事業は、「同胞間の親和を妨ぐる悪風弊習を改善する一切の事業」と位置づけられており、すでに、社会の認識それ自体が問題にされるようになりつつあった状況をふまえて、それをも改善の対象に含み込んでいた。

地方改善部は、当時、内務省の嘱託として、部落改善政策に当たっていた岡山県出身の融和運動家三好伊平次らが主事となって活動が行われていった。

中央融和事業協会の成立

当時、全国的な影響力をもった融和団体として、そのほかに前述の有馬頼寧がつくった同愛会があり、一九二五年二月、その同愛会が中心になり、全国の融和団体を集めて全国融和連盟を組織した。そうしてそれに地方改善部も加盟した。

全国融和連盟は同愛会の影響力が強く、誕生したばかりの水平社を承認していこうという姿勢を示した。内務省は、全国水平社創立後の差別糾弾闘争の高揚に対して厳しい弾圧で臨んだのに対して、有馬らの立場としては、差別の不当性を訴えることは「人類愛」の観点からも尤もな主張であり、水平運動が体制の変革を謳った社会主義と結びつかないかぎり支持しうるものだったのである。全国融和連盟は、地方改善費の増額も要求するなど、現行の内務省の政策に批判的な態度を示した。

このような動向に対抗するべく内務省は、同年九月、地方改善部を廃止して、中央融和事業協会（以下、協会と略記）を設立する。協会は内務省内に置かれ、会長には、のちに首相を務める天皇主義者の平沼騏一郎が就任した。平沼は、一九二四年に創立された国家主義団体国《こく》本社《ほんしゃ》の会長であり、その彼を会長にかつぎ出したこと自体に協会設立の意図が示されている。

協会は、全国各地で融和事業に携わる人たちを集めての講習会などを開催していった。また、機関誌紙として『融和事業研究』と『融和時報』を、さらに毎年、『融和事業年鑑』を刊行した。

『融和事業研究』誌上では、そのタイトルの通り、融和政策・融和運動のあり方をめぐる見解が披露された。それらの中では、のちにも述べるようにかなり高い学問水準に則った自由な議論も展開されている。また『融和時報』は、協会の方針を宣伝する場であると同時に、府県融和団体の活動状況なども詳細に報じており、各地方版も発行された。『融和事業年鑑』には、各年度ごとの協会・地方融和団体の活動報告が記されている。

精神運動か経済運動か

一九二七年、協会は、同愛会と全国融和連盟を解散させて、中央の融和団体を協会に一本化した。かつては水平運動を承認するか否かが一つの対立点であったが、もはや水平運動も、主流が社会主義の方向に進む中で考え方の相違によって分裂し、当初のように、同愛会や全国融和連盟が支持できるような一つの運動として力をもちえなくなっていた。そうして、水平社が社会主義的な方向をとっていくことに反対するという点では、同愛会・全国融和連盟と協会は一致していたのである。

しかし、協会内では、三好伊平次や山本政夫（筆名山本正男）らのように、同愛会時代の有馬頼寧の影響を受けて、被差別部落の人びとの主体性を重んじる自由主義的な潮流がその後も一定の影響力をもった。そうして彼らは、協会内の平沼に近い人たちとしばしば対立した。

とりわけ一九二〇年代の終わり頃から、協会の中で、融和運動のあり方、すなわち部落問題はいかに解決されるべきかという根本に関わる問題をめぐって、論争が展開された。折から一九二八年の三・一五事件、翌二九年の四・一六事件という大規模な弾圧を受けて、水平運動は大きな打撃を被り、融和運動の側からも「水平運動の凋落」がいわれたときであった。協会はそれを好機と見て、水平運動に代わる穏健な融和運動の担い手を、被差別部落の中から育てていくことに力点を移していった。この頃から「内部自覚運動」が協会内で提唱され、また青年融和運動の組織化が進められていった。

協会の中でも「内部自覚運動」の捉え方にちがいがあり、平沼派は、融和運動はあくまで、被差別部落内部の階級による差別を重視して無産階級の闘争であることを強調しようとする水平運動に対抗すべきものであり、それゆえ因襲的差別観念を打ち破るための精神運動であると主張した。

そのような考え方のもとでは、部落が抱えている経済問題はほとんど顧みられないことになり、そのことの重要性を訴えて強く異を唱えた一人が山本政夫であった。

山本は、一八九八年、広島県の江田島に隣接する島の被差別部落に生まれた。そこは主に漁業のみで暮らしを立てていて、「生活は貧乏のどんぞこ」だったという。彼は地元で被差別部落の経済問題に向き合い、一九二二年には広島県庁に入って地方改善事業に従事するが、一九二六年、有馬頼寧の招きで上京し、二八年から協会職員となった（山本『我が部落の歩み』）。そのような経験を経てきた山本は、被差別部落にとって経済問題がいかに大事であるかを訴えた。

彼によれば、部落問題解決のためには、「差別観念を除去する方策」と「部落それ自体の経済的地位の向上を期すべき経済的部面に関する方策」が必要であり、基本は経済面にある。なぜならば、「一般国民と何等異なるところなき社会的地位を得せしむる」ためには、まずは差別と貧困の連関を断ち切ることから出発するしかないと考えたからであった。

しかし、こののち述べるように、一九三〇年に日本を襲った昭和恐慌によって、もはや被差別部落の経済問題は、誰の目にも放置しておくことのできないものであることが明らかとなり、「内部自覚運動」は、部落経済再建のための運動と理解することで、とりあえず、その点では両者が一致を見ていくこととなる。

融和運動の多様性

協会のもとで、実際に地域の人びとと直接の接点をもちながら活動したそれぞれの府県の融和団体のあり方はさまざまであった。

各府県の融和団体も、長野県の信濃同仁会や岡山県協和会などのように、水平社に先んじて結成され差別事件に取り組むなど、水平社と同様の役割を果たしてきたところもある。また三重県社会事業協会融和部のように、協会とほぼ同様の足跡をたどったところもあった。全国水平社の創立からまもなく結成された三重県水平社は、急速な勢いで運動を拡大していき、それに危機感を強めた三重県当局は積極的に「融和親善」の方法を講ずるとともに、それでは抑えきれない運動に対して弾圧姿勢で臨むことを確認した。融和団体の設置については、水平社とは別の融和団体を組織すると、その団体が「反動団体」のように誤解され、かえって支障を来すおそれがあると考えて設立を見合わせていたが、一九二三年一〇月、ようやく三重県社会事業協会の中に融和部を設けた。

三重県社会事業協会融和部は、当初はもっぱら差別撤廃のための講演会や事業にあたる人びとの講習会の開催、住環境の改善事業などに限定した活動のみを行っていたが、やはり水平運動が「凋落」しているとの認識に立つようになって以後、被差別部落の青年層を担い手とする、水平運動に代わる新たな運動を育てることに着手していく。

このように、融和政策・融和運動と一括りにいっても、各地の融和団体の性格は一様ではない。それゆえ「融和」を自力による解放運動への対抗物として一律に切り捨ててしまうのではなく、地域の水平社などの動向との関係やそれぞれの主張を、丁寧に洗い出して見ていくことが重要であると思われる。

「融和」の実態

水平運動が果敢に展開されるようになり、一面でそれに対抗しながら融和政策も遂行される中で、部落問題のありようはどのように変化したのだろうか。

先に挙げた三重県社会事業協会融和部は、一九二八年、中央融和事業協会の調査に応じるために、「融和資料調査票」を各地域の融和委員等の代表者に配布して記入させるという方法で、全県的な「融和」の進展度合いの調査を行っている。そのうち現存しているのは一部地域のものであり、また部落住民が記している場合とそうでない場合があって、それによる問題の認識の仕方のちがいやばらつきもあるが、ここではそれを通じて、当時の実態の一端を見てみたい。

その調査項目は、（一）差別事象、（二）融和ノ功程《(行程)》、（三）地方人ノ態度、（四）融和ノ障碍トナルベキ事実、（五）融和促進ニ関スル意見、の五つからなり、かつてのように被差別部落の人びとの起源や風俗・性質などが特殊性をもっているという前提に立った調査項目は消え失せている。それに代わり、地域社会での「融和」の達成度にもっぱら関心が集中していることが見てとれる。それはいうまでもなく、水平運動を強く意識してのことであった。しかし、ただちに人種主義の克服を意味するものとはなりえず、人種主義はうわべだけの「融和」をめざす態度とは十分に共存しうるのである。

被差別部落の資産家が回答した津市の調査票を見てみよう。

調査票では、「(一)差別事象」の「神社、寺院関係」「学校官公署関係」などに関して、いずれも「現在」はほとんど「至極円満、何等ノ差別ナシ」などといったように、あたかもさほど問題がないかのような回答がなされている。しかし、「既往」欄に記された過去の状況を見ると、差別についてけっして楽観できる状況ではなかったことが浮かび上がってくる。たとえば、神社・寺院関係についても、被差別部落の住職は、明治四〇年頃までは、寺院組合に入会を許されていなかったという。また、被差別部落の子女が「会社工女トシテ雇用」されるようになったのは大正時代初期のことで、「明治四十年以前ハ雇用セズ」と記されている。「商取引賃貸小作雇傭関係」も、「既往」欄には、明治三〇年頃までは被差別部落の人びとが生産した蔬菜その他食用は購入しない者もあり、入浴は「公然ト」許されず、雇用されるのは、「下級ナル日雇位ノ者ナリ」と記されている。

よりきびしい状況は、「戸籍身元証明又ハ調査関係」という項目に表れており、「現在」について、次のように記されている。


戸籍身元調査に至りては差別事象あり。多く結婚問題なり。部落民にして最も恐るるは身元調査なり。之が円満なる家庭の破壊離別其他苦心惨憺、悲惨なる事象あり。思うに戸籍法改正するにあらざれば永久に完全なる融和期し難し。部落民にして一度転住したる場合は、部落出生なる事の不分明なる様〔部落民であることがわからないように〕改正せられたし。（仮名遣いを現代表記に改め、句読点や注釈を補った）

「既往」については、「書クニ及バズ」とあって、いかに結婚に際しての差別が深刻であったか、また被差別部落を離れてもなお「戸籍」や「身元調査」がいかに執拗につきまとったかが語られている。

津市の被差別部落からは、旧制中学校や師範学校など上級学校に進学する者が多く、教師を志す者もあとを絶たなかった。津市の被差別部落の児童が通学する小学校の教員が記した調査票には、そうした人びとの、次のような被差別体験が記されている。一つは、一九〇〇年頃、ある人物が師範学校簡易科の入学試験を受けて成績が良好であったにもかかわらず、部落出身ゆえに入学を許されなかった。その後、村長の交渉によって、ようやく翌年入学を許可されたというものであり、二つ目は、一九一〇年頃、被差別部落住民が、市内の被差別部落外の学校に勤務中、同僚からの圧迫や保護者による排斥を受けて、滋賀県下の小学校に転任したが、まもなく死亡したという事実である。『破戒』の主人公瀬川丑松が、被差別部落出身であることを偽って教師を務めていたことを生徒の前で懺悔し、学校を去ったという筋書きも、実際に被差別部落で絶えず起こっていたこうした状況のなかから生み出されたものであったことが改めて確認できよう。

一方、飯南郡松阪町の被差別部落について、歯科医師で、かつ松阪町連合分会長を務める人物が記した調査票には、「彼等ノ中ニハ遊惰性ナルモノ多ク、タメニ一般民ト比スルトキハ犯罪多ク、尚賭博犯、屋外窃盗等ノ犯罪アリ、学問ハ比較的一般ヨリオトル」と記されており、それは、日露戦争後、部落改善政策が開始されていった頃の部落民認識と基本的に何ら変わるものではなかった。

第四章　「国民一体」と人種主義の相克

1 「国民一体」をめぐるせめぎ合い

総力戦とファシズムの時代

一九三〇年から四五年は、総力戦とファシズムの時代として捉えることができ、一九三〇年に日本を襲った昭和恐慌、そして翌三一年の「満州」事変がその出発点であった。

ファシズムは、イタリアのファッショを語源としており、日本語では全体主義と訳されている。その特徴は、イタリア、ドイツ、そして日本のたどった道が示すように、対外的には武力行使や侵略戦争を正当化し、対国内向けには構成員の強制的同質化・画一化をはかり、その統制のもとで組織的な大衆動員を推し進めるという点にあった。

ではそのようなファシズム体制のもとで、部落問題の位置づけやありようはどのように変化していったのだろうか。日本のファシズムは天皇制ファシズムといわれているように、従来から繰り返し説かれてきた天皇制イデオロギーの焼き直しによるもので、「一君万民」、そして天皇のもとでの「国民一体」がいっそう声高に叫ばれていった。その際に、天皇のもとですべての構成員が平等であることと、現存する部落差別がどのように折り合いをつけていったのか。もう一つは大衆動員との関わりであり、一九三〇年代から第二次世界大戦へと総力戦体制が強化され、人的・物的資源の動員が行われていく中で、協会は被差別部落の人びとをどのように統合していったのか。この二つの点に留意しながら見ていくことにしたい。

「部落経済問題」の浮上

一九二九年にアメリカで起こった世界恐慌の影響は翌三〇年に日本にも及び、一九三四年頃まで続いた。この長期にわたる深刻な不況を昭和恐慌と呼ぶ。この恐慌を乗り切るために全国で農山漁村経済更生運動が展開されることとなり、被差別部落でも部落経済更生運動と称して、被差別部落の人びとを動員し、不況を克服するための試みが行われていった。

昭和恐慌の打撃は、とりわけ経済的基盤の弱い被差別部落に著しく現れ、それによって被差別部落の抱えている経済問題の深刻さが改めて浮き彫りとなった。一九二九年一一月に中央融和事業協会が行った産業調査によれば、被差別部落農民一戸当たりの平均税額は三―八円の者が多いのに対して、農村全体の一戸当たり平均税額は二〇円前後で、部落と部落外には歴然たる隔たりがあった。

さらに重要な部落産業であった履物生産も将来性を失っており、かといって農業に転換させようにも耕地の入手が困難でままならず、残された途は移住しかないという議論も登場する。また、最も不安定な日稼ぎ労働者が広範に存在していることも指摘されている。

そのような中で、かつて協会内部に強くあった、差別をなくすためには精神運動を行えばよく特別の対策は必要ないという議論は、一時的に後退を余儀なくされる。もはや通り一遍ではない特別の対策がとられない限り、そうした格差を埋めることはできないというのが共通認識となった。そのような現状打開の方策として協会内で一致したのが、すでにそれ以前から提起されていた「内部自覚」であり、かつては精神面においてしか部落問題を捉えようとしなかった会長の平沼騏一郎も、「其の産業上経済上に行詰れる現状を打開するにあらざれば本事業の全目的を達成することは至難であると考へられるのであります」(『融和事業研究』第一一号)と述べるようになる。これによって「内部自覚」は、運動主体の育成というねらいと、それに加えて経済問題の解決という意味合いをもつこととなった。

そうして、「凋落」した水平運動に代わる青年融和運動をどう育成するかは、一九三〇年前後の主要テーマの一つとなっていった。一九二九年度から各地の融和団体が青年層を対象に講習会を行い、その受講者たちを中心に青年融和団体を結成するという動きが相次いだ。

恐慌を克服するための部落経済更生運動は、「協同一致」の精神のもとに、そうした青年たちを中心に行われていった。

水平社解消論とその修正

水平社のメンバーも、「部落経済問題の特異性」という認識においては前述の協会同人たちと同様であったが、彼らの場合は、恐慌下で喘ぐ被差別部落の労働者農民を「階級的基本組織に結合」するという方法によってそれを解決するという途を選び取り、全国水平社解消論として表明されることとなる。すでに述べてきたように、水平社ボル派の人たちを中心に主張されていた、「部落民」としてではなく同じ労働者・農民として無産階級運動に進出することで解放運動を進めようとする考え方を突き詰めたのが水平社解消論であり、その考え方を徹底させると水平社組織そのものが妨害物になっていった。それには、コミンテルンの方針も日本共産党を通じて影響を与えていた。

その提案は、一九三一年、全国水平社九州連合会常任理事会より「全国水平社解消の提議（第十回全国水平社大会への意見書）」として出された。一九三三年の時点で解消論を支持していたのは、大阪・京都・福岡・岡山・三重・愛知・広島・愛媛の各府県に二四団体、二六六一名であった。

しかし、その下でも差別事件は頻発していた。「自分が小学校時代松山末市の子供に穢多ゴローと言うて先生に叱責されたことがあるが、穢多を穢多と言うてどうあるかのう」（大分県、一九三二年三月）というような居直りともいえる発言や、寺院の再興に際して檀徒を募集したところ、その住職らが「水平部落民の募集に反対」したといった差別事件はあとを絶たなかった。司法省も、被差別部落住民に関わる差別糾弾その他の紛争は、水平運動が起こった頃に比べて著しく減少したとはいえ、「未だ全然その跡を絶つに至らず」と記している。

一九三三年に香川県で起こった高松差別裁判闘争をきっかけに、ふたたび各地で差別糾弾運動は高揚に向かった。高松差別裁判闘争は、一九三〇年代の水平社の闘争の中でも最も大規模に展開されたもので、一九三三年、高松地方裁判所が香川県の被差別部落出身の男性とその兄に対して、二人が「部落民」であることを告げないまま、仕事帰りの船中で知り合った女性と弟の方が結婚したことを判決文中に挙げ、誘拐罪を適用したことから、水平社が抗議に立ち上がった。同様の判決は、第一章で述べたように明治期にもあったが、大正デモクラシーといわれる時代状況や水平社の成立を経てなおこのような判決が出されたことは、いっそう被差別部落の人びとの怒りと失望を強くしたであろう。しかも論告求刑や予審調書には、「特種部落」「特殊部落民」という呼称が記されており、「解放令」で否定されたはずの身分が前提とされたことが、これまで運動に立ち上がっていなかった被差別部落の人びとをも、抗議行動へと結集させた。そうして、高松差別裁判取消要求請願行進が行われ、ふたたび運動が高揚した。その結果、判決の取消はならなかったが、高松地裁で論告にあたった検事は左遷となり、被告の男性二名は、刑期よりも早く釈放された。

そのような状況のもとで、水平社解消論は修正を余儀なくされていった。同年、同じく解消論を提起したグループから、部落民委員会活動（三四年に「部落委員会活動」に変更）が提起され、被差別部落住民の生活に密着した運動が目指されていった。

「国民一体」への合流

しかしながら、実際に展開された部落委員会活動の内実は、政府に経済施策を要求することが中心であった。一九三五年の全国水平社第一五回大会では、「被圧迫部落大衆の生活を擁護せしめ、これを人民的融和の重要なるモメント」とすることが掲げられた。これは、かつての融和政策を排撃していた姿勢からの大きな転換であった。

また、水平運動を最前線で担ってきた人びとの中から、一九二〇年代後半からの相次ぐ弾圧を受けて転向（共産主義者・社会主義者が、権力の強制などによって、その思想を捨てること）し、しだいに権力との距離を縮める動きも出てきた。折から一九三三年は、日本共産党の指導者・佐野学と鍋山貞親が共産党員のまま獄中から転向声明を出して大きな衝撃を与え、それを機に、共産党員の大量転向が生じたときであった。翌三四年、西光万吉・阪本清一郎らは『街頭新聞』を発行して国家社会主義に転じ、大日本国家社会党が結成されるとそれに入党していった。

「国民一体」の実現を目指していた中央融和事業協会は、このような水平運動の動きを受けて、一九三五年、融和事業完成十箇年計画を打ち出すに至る。これは、以後一〇年の間に融和事業を総合的かつ集中的に行うことでその完成を目指し、その後残された課題があってもそれは融和事業という特別施策ではなく、「一般施策」によって行うというものであった。

ここで注目しておくべきは、「融和事業の根本精神」は、「名は融和であっても、その実は部落の一般化であり、また部落そのものゝ解消でもある」という協会の考え方が明らかにされていたことであった。それは、部落の経済や文化の向上が「知らず識らずの裡に」部落問題の解決につながっていくという、きわめて楽観的な見通しに支えられたものだった。「部落そのものゝ解消」を急ぎ、それを部落問題解決の到達点と見なすこのような考え方は、即、人口密集の緩和をはかり、生活の安定を得るために移住を奨励するという施策に結びついていくこととなった。のちに述べる「資源調整事業」、そしてそのもとでの「満州」移民は、すでにこの頃から展望されていたといえよう。

2　新体制への期待と現実

水平社による戦争協力の表明

一九三七年七月七日、中国北京郊外の盧溝橋で軍事演習をしていた日本軍兵士一名が行方不明になったことから、日本軍が中国軍を攻撃した盧溝橋事件がきっかけで、日本は中国との全面戦争に踏み出していった。それに伴い、一九三七年には国民精神総動員運動が開始され、「挙国一致」「尽忠報国」「堅忍持久」をスローガンに宮城遥拝や神社への集団祈願が実施される。

また、翌三八年には、国家総動員法が施行されて、議会の承認なしに戦争のために必要な物資やエネルギー資源、労働力などを統制し運用できることとなり、政府の権限が強まった。

こうして国民を侵略戦争に駆り立てていくための体制づくりが整えられていった。

それに伴い、無産政党や労働運動・農民運動なども次々と戦争協力に転じていった。一九三七年三月、全水本部も、それを預かる井元麟之《いもとりんし》と酒井基夫が検挙されたことにより壊滅状態に陥り（朝治武『アジア・太平洋戦争と全国水平社』）、全国水平社も、日中全面戦争への突入を機に「挙国一致」に協力する姿勢に転じた。

一九三七年九月に全国水平社拡大中央委員会が発表した「非常時に於ける全国水平運動」では、「事ここに至った以上は、国民としての非常時局に対する認識を正当に把握し、「挙国一致」に積極的に参加せねばならぬ」と述べて、「挙国一致」への参加を表明した上で、「非常時局の下に於ける差別糾弾は真の挙国一致を実現せしむるという建前から問題を処理しなければならぬ」とし、「常に差別に対する糾弾を、国民融和への契機として処理し」ていく態度を明らかにした。すなわち、政府の唱える「挙国一致」を差別解消にひきつけて理解することでそれに望みを託したのである。ただしここでは、とりあえず「挙国一致を実現せしむる」ことはたてまえであり手段であって、本来の目的は差別の解消にあるとの姿勢が保たれていた。

「大東亜建設」への「国民一体」の従属

一九三七年末から三八年にかけて行われた人民戦線事件と呼ばれる二度にわたる弾圧は、三重県の朝熊《あさま》闘争をはじめ水平運動の関係者の中からも検束者を出し、反戦・反ファシズムの運動や言論を逼塞させて、これまでそれらの運動を闘ってきた人びとをも戦争支持へと駆り立てる転機となった。

水平社もまた、一九三八年二月七日の全水中央委員会で、「全国水平社は何時の場合に於ても国家的立場から為されるものである事は言ふ迄もない。殊に吾々は現下戦時体制下に於ては国難に殉じ、一方昨年九月中央委員会決定の運動方針大綱を積極化し、国策の線に沿ふて運動を進めんとするものである」との声明を出した。綱領も六月の中央委員会において、「我等は国体の本義に徹し国家の興隆に貢献し、国民融和の完成を期す」と改め、戦争とファシズムへの抵抗の旗を降ろした。それは、前年の「挙国一致」表明の段階からさらに一歩後退して、水平社が主体性を失い、国家主義実現に部落問題解決をゆだねる方向に転じたことを意味するものにほかならなかった。

そうして後述するように、かつてのボル派は、一九三九年、部落厚生皇民運動を立ち上げて「皇民」への一体化を果たすことに部落問題解決の方向を見出し、かたや松本治一郎ら総本部派は、一九四〇年、水平運動と融和運動が合体して新体制運動を推し進めるべく大和報国運動へと突き進んでいくなど、路線のちがいを孕みながら、ともに侵略戦争の片棒を担ぐこととなった。以下に見るように、「国民一体」の完遂が目指される中で、被差別部落の人びとをその中にいかに包摂するかに意が払われ、少なくとも〝劣等な〟構成員という処遇を受けることはなかった。そのことが被差別部落の人びとの国家への積極的な献身を引き出し、他方で、アジア民衆に対する優越意識に拍車をかけることにもつながったといえよう。

融和教育の開始

戦後行われてきた同和教育の前身にあたる融和教育が開始されたのも、実は戦時下において、「国民一体」をつくり出す必要からであった。同時期に植民地朝鮮や台湾、そして沖縄でも、それらの人びとを忠実な皇国臣民として育成し、侵略戦争に駆り立てていくための皇民化政策が実施されていく。

中央融和事業協会は、一九三三年度から教育者の講習会などを手がけていたが、三七年度からは融和教育研究協議会を開催し、さらに翌三八年度より融和教育研究指定校制度を設けた。指定校には、この制度が行われていた一九四〇年までに全国で一八校が選ばれ、それとは別に、三七年度から各府県の融和団体が指定した学校は、全国で二〇〇を超えている。それらを中心とする小中学校では融和教育が実施され、指定校となったところではそのための教材や報告書が作成された。

一九三八年には、文部省も「国民融和ニ関スル件」、「融和教育ノ徹底ニ関スル件」という訓令を出して取り組みに着手し、四〇年一月には、文部省内に融和教育研究会も組織されることとなった。

そうした背景には、日中全面戦争が始まって以来、戦死者に対する慰霊祭や出征軍人見送りの際にも差別事件が起こっており、砲煙弾雨の下においてすら差別事件が起きていることを、文部省自ら嘆かざるをえない状況があった。「限りなき差別問題は何れも東亜新秩序建設途上の一大障害」であるとも述べている。

しかし、融和教育は同じ時期に、朝鮮・台湾や沖縄の人びとに対して皇民化政策が推進されていったのと同様に、目的は戦争を支える「皇国民の錬成」にあり、部落差別の解消は、そのための障碍となる矛盾を取り除く作業の一環でしかなかった。それゆえに、アジア・太平洋戦争開始後は、しだいに部落問題解決のための固有の対策は講じられなくなっていった。

裏切られる期待——意識調査

融和教育の開始とともに、学校で児童や父母の意識調査もいくつか行われるようになった。和歌山県田辺中学校が五年生七六名に行った調査の結果が、中央融和事業協会の機関誌『融和事業研究』(第四七号、一九三八年一月)に掲載されている。それによれば全体のうち七二名が自分の町村内の所在も含めて被差別部落の存在を知っており、「友人として交際するか」との問いに、「なし得ない」と答えた者は三五名、同じく「共に食事をするか」に対して「なし得ない」が五六名と、日常の交わりすらも避けようとする傾向が強く表れている。「相互に婚姻をなすか」に対して、「なし得る」との回答は三名、「なし得るだらう」が二名、「なし得ない」は七一名であった。

また、「何故差別が行はれるのであらうか」との問いに対しては、

「気質が粗暴に近く人を恐れしめる」……三二名
「不潔で人に悪感を起させる」……二三名
「下賤な職業に従事してゐるから」……二一名
「昔からの習慣による」……一七名

「生活の程度は低いから」……一六名
「教育の程度は低いから」……一五名

とつづく。

「被差別民の起源」については、

「職業上の差別観念が基因する」……二七名
「氏族制度の部民の遂に更生し得なかつた者」……六名
「異民族の移住し来り連合出来なかつたもの」……四名

となっており、人種（民族）起源説に立っている者はそれほど多くはないが、それらはたんなる知識の注入ですむ問題であり、融和教育で起源についてどの程度の知識がすでに与えられているかに左右されるところも少なくないであろう。むしろ自己の率直な心情を吐露した差別の原因に関する回答の方が問題であり、それらは、人種起源説をとらないまでも、部落という集団に運命づけられた特異性をもっていると見なしている点で、一八九〇年代から日露戦後にかけて定着し浸透したと考えられる、人種主義による認識をかなりの程度継承しているといえよう。人種起源説の克服は、ただちに人種主義の克服には結びつかなかった。

また、児童数約九〇〇名を擁するある学校で父母に対して行った調査でも、被差別部落外の親が「融和についての意見」に寄せた回答は、多い順に、「内部同胞の自覚を促し向上せしめよ」一一、「時節柄国民皆和の気分を作るによい」九、「内部は利己的で下劣極まる」九、「内部は衛生思想に乏し」七、とつづいた（本山慈樓「大衆の観たる融和事業の方策」『融和事業研究』第四七号）。

「内部同胞の自覚」に期待をする者が少なからず存在していることは、環境要因を認めつつあることを示すものではあるが、なお依然、文化的な要因を挙げながらも容易には変わりえないとする人種主義の痕跡が見てとれる。先にも述べたように、日本における人種主義は、遺伝的要因のみならず環境的要因をも重視する傾向をもっており、したがって「自覚」に期待することもまた人種主義を払拭していることには必ずしもなりえなかったのである。

3 「人種」から「民族」へ

「同胞」として

政府や中央融和事業協会は、先に見たような「国民一体」のたてまえと実態との隔たりを多少なりとも埋めるために、その方策に乗り出さねばならなかった。

一九三八年六月一三日、政府は戸籍上の族称欄の廃止を決定し、司法省、各地方裁判所長に通牒を出した。それは、中央融和事業協会が政府に陳情したのを受けてのことで、「国民一体」を内実を伴ったものにするために、制度的な矛盾を改める努力の一環にほかならなかった。

融和教育の実施と並んで、「国民一体」を支えるための被差別部落起源論の組み直しが行われたのも、一九三〇年代に見られる注目すべき動向であった。

そもそも一九三〇年代になると、『融和事業研究』などの融和運動の場で、「少数同胞」という呼称が多用されるようになる。それは、たとえば、「その大御心を持つて我々の血を分けた少数同胞」というように、おおむね、天皇の赤子であるから融和を実現するのは当然という文脈で用いられていた。

文化的差異への着目

しかしその一方で、一九三〇年代半ばまでは、ただちには天皇赤子論に吸収されえない、かなり自由で高度な社会学的議論も展開されていた。

その一つに、溝口靖夫『我国社会史に現はれたる差別感情とタブー』(一九三五年)がある。これは、『融和事業研究』の特集号として刊行され(第三四号)、通常人びとが抱いている、「少数同胞がその起源に於て、普通民と何等かの人種の異りたるものならんとの漠然たる考」を打破するために書かれた。このことは、それを目的に掲げなければならないほどに、「人種の異りたるもの」との認識が人びとを捉えていたことを意味するものにほかならない。

溝口は、「一般国民中に、殆んど先住民又は帰化人の血統の混ぜざるなき今日に於て、独り部落の人々のみ純大和民族系なりと断ずるは困難なことである」と、逆説的な言い方で、被差別部落の起源が特殊であることを否定した。その上で、「タブー的要因」こそが明治以後の差別を存続させてきた「歴史に於ける真の差別原因」であるとする。彼によればタブーは、「元来は一つの純粋なる宗教意識又は観念であるかもしれない」ものが、一つの社会的制度となるとき、社会的な伝習や風習も加わり、さらに「権力者の創作する処」ともなり、また人びとの功利心や社会的衝動によって成立することともなる、と説明される。差別の要因を、意識や観念、そして制度、さらには権力をも視野に入れて捉えようとしており、この時期にそのような理解がなされていたことは目を見張るべき成果といえよう。

ほかにも『融和事業研究』は、植民地に対する「同化政策」の実証的研究や、欧米のユダヤ人問題政策に関する研究などを紹介している。

のちに文部省社会教育官として融和教育に携わることとなる小山隆の「欧羅巴に於ける同化政策の研究」(『融和事業研究』第二六—三〇号、一九三三年六月—一九三四年六月)は、部落問題を民族問題と比較し、部落問題はあくまで「民族内部同胞の問題」であることを確認した上で、両者の共通点として「一種の賤視観念」をあげる。そうして「誘導」を妨げるその「大きな癌」を除去するためには、生活様式の差異を除くことに主力が集中されるべきであると論じた。

遠藤利男「欧米諸国に於ける人種及階級間の融和策」(『融和事業研究』第二五号、一九三三年三月)は、部落問題をユダヤ人問題になぞらえて、ユダヤ人がキリスト教徒となることによってドイツ人の迫害を免れたように、被差別部落の人びともそれに学び、「社会生活において他の人々と相異した点があるならばその点を改めることである」と説いた。

これらの研究におおむね共通するのは、第一に、被差別部落と部落外に生物的差異を見出すような言説と無縁であることはもとより、差別の原因を文化的差異に求めつつも、かつての議論のように「習慣は第二の天性」といった諦念に陥って「生まれながら」の線引きと同様の機能を見出すのとは異なり、改変可能なものとしての視線が注がれていたことにある。第二に、部落問題を日本固有の問題として捉えるのではなく、ヨーロッパにおける民族問題やユダヤ人問題と比較しつつ、解決の展望を見出そうとしていることであり、部落問題を〝近代〟の問題として捉えていたと言うことができよう。

しかし同時に、容易に取り除くことのできる「差異」は部落問題の本質ではなく過渡的なものにすぎないと考えられた。したがって「国民一体」への包摂も容易であるとされ、そのような認識は一面で、政府・協会が部落問題を「賤視観念」にすぎないと見なしたことと歩調を合わせ、「一君万民」論に接合していくこととなった。そうしてやがてはそのような社会学の学知に立脚した議論も消え失せ、「現代日本は暖かな同胞相愛、民族一体の国民意識によつて団結」していることをもっぱら強調するような議論（國學院大學教授河野省三「国民意識と正義感」『融和事業研究』第一七号、等）にとって代わられていくのであった。

「民族」概念の浮上

日本の人類学においても、日中全面戦争開始以後、日本帝国主義の支配下に取り込もうとする地域の調査研究を目的とした機関が相次いで設けられるが、その行き着くところは「大東亜共栄圏の民族政策」に資するためのものであった。

一九三八年に設立された太平洋協会の一員であった清野謙次は、大東亜共栄圏には数百種以上の人種がいるが、それらは相関連して一環をなさなければならないのであり、それぞれの特長を活かして他人種の足らないところを補い合って共存共栄の実をあげなければいけないと説いた（清野『日本人種論変遷史』一九四四年）。また一九四三年には、帝国書院編輯局によって『日本民族論（民族科学大系）』が編まれており、その巻頭を飾る横尾安夫「日本民族の構成」では、「日本民族は種族的に所謂混血でない」とし、「同化作用」と「抱擁力」を発揮して「日本島における悠久なる年月の推移はそこに若干の異種を一種へと統一した」と述べており、まさに「民族」という融通無碍な概念の使用により「大東亜共栄圏」下の「民族」をも包摂する論理をつくり出していったのである。

「民族」という語は、喜田貞吉の発行していた雑誌のタイトル『民族と歴史』に用いられたことにも示されているように、一九一〇年代頃から使われていた。日本民俗学の創始者として知られる柳田国男が刊行した雑誌『郷土研究』創刊号（一九一三年）に執筆した高木敏雄は、「生物学上の概念」である人種と「歴史的概念」である民族とを区別すべきだと述べており、この頃からしだいに、歴史や文化を共有する集団として「民族」という概念が用いられるようになっていった（坂野徹『帝国日本と人類学者』）。

そのような学問的な動向の中で、被差別部落についても、少なくとも、政府や融和団体などが記したものにおいては、すでに「人種」「種族」のちがいをいうようなものはほとんどなくなり、「民族」という概念が持ち出されることによって、そのなかに被差別部落の人びとも包摂されていった。

そのことはともすると、かつて被差別部落に対して行ってきた生物学的な線引きの克服のように考えられがちであるが、必ずしもそうとはいえない要素を含んでいる。たしかに、身体的なちがいをいうような言説は後退した。しかし、これまでにも見てきたように、「日本民族」という概念のなかに被差別部落を取り込んでいったのは、「大日本帝国」、さらには「大東亜共栄圏」の一体性を引き出すという要請によるものであり、そのためには「民族」

という融通無碍な概念を持ち出す方が便利だったからである。生物学的な意味での「人種」ではなく、「民族」という文化的な概念を用いることによって、骨の計測などを経なくとも、すなわち生物学的差異の有無を問うことを棚上げにしたまま、歴史や文化の共通性を主張することで変幻自在にその集団の境界を消滅させ、あるいは必要に応じてつくり出すことが可能となったのである。それゆえ、かつての「人種」概念の検討・批判が行われ、それと向き合った上での到達点ではありえなかった。

「日本民族」による包容

そのような議論が展開される中で、中央融和事業協会が選び取った説明の仕方は、一つには、「新附の民」である植民地の人びととは異なり、被差別部落の人びとは同じ「大和民族」であるとする「同一血族」の強調であった。もう一つは、日本人の包容力と多民族性を前面に打ち出すものであり、この二つのうち後者の方が主流を形づくっていた。それらはいずれも、大正デモクラシー期に見られたような人類平等、人種平等といった普遍性を兼ねそなえたものではなく、「日本民族」の一体性を強調することによりその内部に被差別部落の人びとをも取り込もうとするものであった。

たとえば、三重県の融和教育のモデル校であった度会郡浜郷村（現伊勢市）浜郷尋常小学校のテキスト『和の読本』（一九三九年）でも、日本はいくつもの民族の血が渾然一体となって日本民族の血をつくっているとし、それゆえに同化力と包容力においては、他民族の及ばぬ偉大さをもっていて、皇道精神を体得すると自ら血族的にも融合して立派に日本民族となると述べている。

「日本民族」を同化・包容や融合によって説明する方法は、文部省社会教育官となった前出の小山隆も採用しており、「偏狭な民族観に捉はれることなく、よく他民族を同化して、生理的にも心理的にもその長所を採り入れたところに、日本民族の偉大なる発展の歴史があつたのである」とし、「従つて部落民に対する差別感情が、ひとり種族的民族的差異に基いて居り、これを差別し続けることが謂はゞ民族的純潔を保持するかの如き考へ方をする者が苟《かりそ》めにもありとしたならば、我々はその短見をあはれまざるを得ないであらう」と述べている（「時局と融和教育」『融和事業研究』第五六号）。

協会が「一般向」に作成した「東亜新秩序建設への心構――「誤解されたる同胞」問題の即時解決を要望して」と題する「講演資料」でも、「東亜共同体」をも射程に入れ、「人種上の相違から出来たものではないことを、強調したからとて、毛嫌ひしたり差別してはならないという理由を、そこに求めやうとするのでありません。よし仮に、其の祖先の人種が異なつてゐたからとて、何等差別すべき理由はないのであります」と述べる。すなわち当該時期には、血族や人種の同一性のみで線引きをするのではなく、それらのちがいをも包み込む論法が主流をなした。

一九三八年以後、中国との戦争が長期化していく中で、しだいに水平社・融和団体ともに、少なくとも表向きには、「大東亜建設」・戦争遂行という課題の方が、部落差別の解消よりも優越するようになっていく。先のような被差別部落の起源の説明の仕方は、そのような状況の中で、「大東亜共栄圏」の一体化を図ることを眼目として組み立てられたものであったといえよう。

「反国家的行為」としての差別

文部省の「同和教育」の方針が直接に提示されたのは、一九四二年八月に社会教育局が作成した『国民同和への道』においてであった。そこでも、「日本民族はもと単一民族として成立したものではな」く、「混融同化」した結果「皇化の下に同一民族たる強い信念をつちかわれて形成された」ことが強調された。そうして、部落差別には「今日その存続を承認すべき何等の合理的根拠も見出されない」と断言された。したがって現存する差別は「国民生活の内に残された反国家的な欠陥であり、時代錯誤的な矛盾」にほかならず、それらは「東亜新秩序建設」とともに克服解消されていくはずのものであった。

アジア・太平洋戦争下には、次節で見る「資源調整事業」と並んで、「一大家族国家」を建設することが融和運動の柱の一つとなった。その目的実現のために、部落差別は「反国家的」行為であるとの大義名分を獲得することとなったのであり、こうした民族論の観点からの一体性の強調は、それを根底から支えるものであった。

しかし、次節で述べるように、戦時下においてもやはり差別事件は頻発しており、むしろ「国民一体」のたてまえが流布したことにより、かえって、「国民一体」と矛盾するものとして差別が告発されるという側面もあった。

4 資源調整事業への動員

全国水平社の消滅と同和奉公会の成立

一九三九年、第二次世界大戦が始まり、翌四〇年には日独伊三国軍事同盟が結ばれてファシズム国家の提携が成立した。同じ年、時の首相近衛文麿は、ナチス・ドイツにならって、「一国一党」体制をつくり出すことを目指し、新体制運動を起こした。その結果、政党は次々に解散して大政翼賛会が誕生する。しかし、それは当初目指したような自発的な盛り上がりに欠け、首相を総裁とする、府県単位の支部をもつ上意下達機関であった。さらにその下には、町内会・部落会・隣組が置かれ、住民の相互監視が強められていった。

労働組合も解散して、戦争に協力するための大日本産業報国会が組織され、全国水平社もまた、言論集会結社等臨時取締法に基づいて思想結社としての適用を受け、許可制のもとであえて願書を提出しなかったことにより、一九四二年一月二〇日、法的消滅となったことはよく知られている。

朝治武によれば、一九四〇年八月の全水第一六回大会から、内務省と松本治一郎ら全水関係者との攻防が終息する一九四二年六月までが、全国水平社の消滅過程であった。部落問題の解決を東亜新秩序建設、民族協和、国内革新の一環に位置づける松本ら全水総本部派は、近衛新体制の実現に部落問題解決の途を見出し、全水と中央融和事業協会との合同(いわゆる水融合体)を模索して大和《たいわ》報国運動へと向かう。しかし、協会が大和報国運動には参加しないことが明らかとなると、松本は全水をこれから切り離し、大和報国運動はもっぱら興亜運動追求の団体となった。内務省は、抵抗する松本に対して全水解散届提出を求め続け、松本は、四二年六月、解散届は出さないものの、翼賛政治会所属の衆議院議員として政府の立場に立ち活動することを明言し、両者の対立は解消した。

一方、野崎清二・北原泰作・朝田善之助・上田音市・山本利平らは、全水第一六回大会の同日、部落厚生皇民運動を立ち上げ、「国体精神の昂揚と国民生活の帰一による赤子一体化の実現（「部落」問題の根本的解決）」を目指し、全国水平社の解散を主張した。そして協会が解散して大政翼賛会の一環に位置づくことに期待をかけたが、それはならず、同年一一月、「一切の対立的分派的運動は速やかに解消し、一元的に統合されねばならない」として解散に至った、きわめて短命の運動であった（朝治『アジア・太平洋戦争と全国水平社』）。メンバーの多くは、かつてボル派に属した人たちであり、「無産階級」が「皇民」に置き換えられ、それへの一体化が主張されたのである。

かたや融和団体の方は、一九四一年六月二六日、中央融和事業協会の改組により、「官民一体の強力なる融和運動」と銘打って同和奉公会が誕生する。会長には、引き続き平沼騏一郎が就任した。かつての水平社のメンバーも、同和奉公会に被差別部落の生活を護るための活動の場を見出し、水平社はこれに吸収されていった。こうして部落問題に取り組む機関は、唯一、同和奉公会のみとなった。

資源調整事業と「満州」移民

同和奉公会に一元化された融和運動が目指したのは、「一大家族国家」建設のスローガンのもとでの「国民一体」体制の実現であった。そのための二本柱は「資源調整事業」と融和促進運動であり、それらの実施はすでに一九四〇年に決定され、具体化に移されつつあった。

資源調整事業とは、被差別部落の「人的資源」すなわち労働力を、国策に応じて供出するというもので、具体的には、時局産業、すなわち戦争に必要な産業への転業を促すことと「満州」移民であった。一九三九年には融和事業完成十箇年計画の改訂が行われ、部落問題解決のための独自の政策は後退して、「皇国日本の真姿」を顕現し、「新東亜建設の国策に即応」することが目的となっていた。このとき、「満州」移民が改訂後の計画の中心に位置づけられ、資源調整事業は、その延長線上に出てきたものであった。

「満州」移民は、一九三一年の「満州」事変の翌年から、日本の「満州」すなわち中国東北部への侵略を推し進めるために実施に移されていった。とくに日中全面戦争開始後は、これまで以上に強力に、村をあげての分村移民や満蒙開拓青少年義勇軍による移民が奨励された。中でも被差別部落は、土地や財力などが乏しく、三五％の過剰人口を抱えていると見なされていた。しかも、「満州」に行けば、差別からも逃れられて一挙両得であるとして、「満州」移民は融和政策の柱に取り入れられていくこととなった。

「満州」移民は、すでに国家主義に転じて「大東亜共栄圏」の実現に差別からの解放への期待をかけていた水平社の指導者たちにも支持されていった。中でもこの政策は、被差別部落という〝境界〟をなくすことを目指してきた人びとを引きつけた。むろん、これによってすべてが解決されると考えられていたわけではなく、選択肢が狭められていく中での残された途として選びとられたものにはちがいないが、たとえば三重県の上田音市もまた、移民をすることで、自らの持論であった「部落形態解消」が実現し、ひいてはそれによって部落問題も解決すると考えて、「満州」移民の推進に積極的に関わっていったのであった。上田は、「同化」の志向を強くもちつつ農民運動と一体に展開された三重県の水平運動を率い、先に見たように、新体制運動の下では部落厚生皇民運動に参加して、「同化」の対象を無産階級から「皇民」に移していった。その上田にとって部落形態解消は、「同化」推進の重要な要素であった。

行き詰まる政策

しかし、それらの政策は思ったような効果を上げなかった。同和奉公会が発足してまもない、一九四一年一一月の第一回中央協議会では、早くも「国民一体」への期待と現実との乖離に対する不満が噴出した。

その一つが、「満州」農業移民の停滞であった。理由は語られていないが、被差別部落民は、貧農や不安定な職業にしか就いていない者でも移民を厭う傾向があると指摘されている。また、移民として送り出した者のなかにも、中途挫折して帰郷する者もかなりの数にのぼっていることなどが報告されている。自由な選択に任せておいたのでは移民者が増えないため、人びとの自由な意思によって移民を選びとればいいというのではなく、たとえ「満州」に住んでも差別があるとしたところで、そのために移民を拒否することは国策への協力を拒むことであり、「臣民」の進むべき道ではないとまで言われた。全体の論理の前に、個人の立場を放棄することが求められていくこととなったのである。そうして、彼らは「満州」侵略の尖兵として駆り出されていった。

熊本県鹿本郡来民《くたみ》町（現山鹿市）と熊本・福岡・大分県の被差別部落民八二戸三一六人で

来民開拓団を組織し、融和事業の一環の「分村移民」として「満州」に送り込んだ結果、日本の敗戦から二日後の一九四五年八月一七日、そのうちの二七五名が満州国吉林省扶餘県五家站の地で集団自決を遂げたことは、まさにそうした政策が生んだ〝悲劇〟であった。

ちなみに開拓団の死亡者数は、七万八五〇〇人以上と推定されており、在満日本人死亡者に占める割合は三五・二%に達している。開拓団の人数は在満日本人の一七・四%であることから、いかに犠牲者の割合が高かったかがわかる。

「資源調整事業」のもう一つの柱である転業も容易には進まなかった。転業といっても、被差別部落住民の教育程度が劣っており、しかも差別があって容易には進出できない実態が、やはり会議の場で語られた。

依然深刻な差別実態から抜け出せなかったことも、人びとの不満をかき立てた。同じく会議の場で地域の代表者から、「一般民衆の未反省の実例」として「一、出征兵への侮蔑問題二、神社の合祀未解決状況」が詳細に語られ、「一般民衆の迷夢は依然としてさめず、教育教化の徹底は容易に期し難い」との怒りも吐露された。

かつて水平社の指導者の一人であった朝田善之助も、この当時を振り返って次のように述べている。「戦時下には、その時局を反映して、軍隊の入隊歓送や、戦死者の遺骨出迎え、戦死者の石碑などにからまる差別事件が至るところにひんぱんにおこっていた。こういう差別事件には、必ず事件に警察が介入し、金銭でおさえるという方法が常套手段となっていた」と（朝田『新版 差別と闘いつづけて』一九七九年）。

このように差別事件が頻発したがゆえに、「同和教育」の徹底への要望は人びとの間に強くあり、教育こそが人心のあり方を変え、「同胞の一体化」を実現できるという期待のもとに、それぞれの熱い思いが語られた。その中で、「もう少し内面に触れて部落民の生活の実相に触れて、足をしっかり地につけて融和教育をして貫いたい。〔中略〕教師自ら挺身するいわゆる殉職の気分をもって地区のなかにはいり込んで、本当に地区民と一丸となりこの教育の進展をはかって戴きたい」というような、現実の教育のあり方への不満に根ざした意見も出された。また、「差別問題の起るその大半は国民学校・中等学校」であるとの実状も暴露されていった。

文部省の方針が提示されたとはいえ、「同和教育」は、一部の研究指定校を除いては、強制力を伴うものではなく、現場の教員の自主性に委ねられていたため、その実態にはかなりのばらつきがあり、大半はまったく手がつけられないか、あるいはここに言われているようなおざなりなものに終始していたのではないかと考えられる。

このような問題の噴出は、「民族の同和」「大東亜共栄圏」を掲げる体制そのものが、矛盾を抱えているのではないかとの根元的な問いにつながっていくものであった。実際に会議の場でも、「我が国は今日東亜共栄圏の確立をめざして聖戦完遂に努めておりますが、その理想たるや、アジア民族の白人からの解放を大理想の旗印に掲げているのであって、それが足元を振返って見ると、赤子であり大和民族であると自称しているところの国民同士の間に、なおかつこうした忌わしい事実の存在しているということは、聖戦自体が奈辺にあるかを疑わざるを得ないのであります」といった発言が、相次いで出された。

「同和運動」の消滅

しかし、やがては、戦争への動員が強化・拡大されていく中で、同和奉公会はますます大政翼賛会に従属するだけの機関となっていき、それを内部から批判する声すらもしだいに消えていった。

それればかりか、「同和運動」、すなわち被差別部落に特別な対策や運動が行われることを否定する声も、被差別部落の中から上がってくるようになった。その背景には、自分たちの集団の利害を打ち出していると、ユダヤ人のような差別と迫害を受けることになるとの危機感があった。それゆえ彼らは、極力、被差別部落民としての要求をおし殺して、「聖戦完遂」に向け国家に奉仕しようとしたのだった。

これまでにも述べてきたように、戦時下になって、差別は「国民一体」に逆行するものであり、「反国家的」行為であるという社会のコンセンサスが得られたことは、それがただちに部落差別の解消に結びつくものではなかったとはいえ、一つの前進にちがいなかった。しかしながら、その反面、戦争遂行のための「全体」の論理が優越するようになり、しだいに、そもそも被差別部落固有の利害や要求を打ち出すこと自体が、功利的であり利己的であるとされる状況がつくられていったのである。

戦争末期には、同和奉公会の機関紙『同和国民運動』からも、部落問題の記事はおおむね消え失せ、大半は、「戦力増強」を目指す運動や施策を伝える記事によって占められていった。その機関紙自体も、一九四五年一月を最後に発行されなくなり、戦局の悪化とともに部落問題はまったく顧みられなくなっていった。

第五章　戦後改革のなかで

1　部落解放運動の船出

部落解放全国委員会の結成

日本の敗戦を経て、戦時下で壊滅と逼塞を強いられた社会運動も、その敗戦と連合国軍による占領がもたらした民主主義の氾濫のもとで再出発を遂げていく。中でもいち早く立ち上げに着手したのが、部落解放運動であった。

敗戦からまもなく（時期については、一九四五年八月、一〇月など諸説ある）、全国水平社ボル派の中心的メンバーであった松田喜一、朝田善之助、上田音市、北原泰作の四人は、上田の地元三重県の志摩郡渡鹿野島《わたかのじま》（現志摩市）に集い、部落解放運動再建の意思確認を行ったという。これがいわゆる志摩会談として知られているもので、それを受けて再出発した部落解放運動は、翌一九四六年二月一九日、部落解放全国委員会として実現をみることとなった。

部落解放全国委員会には、この四名のほかに、松本治一郎、山本政夫、武内了温、梅原真隆ら旧融和運動関係者を含む人びとが結集した。部落差別撤廃という課題それ自体はイデオロギーに左右されずに存在しうるものであり、それだけに、敗戦を経て政府が掲げる価値規範が軍国主義から民主主義へと一八〇度転回したにもかかわらず、それの前にたじろぐことなく運動立ち上げに向かうことができたのだといえよう。また、そこに結集したメンバーの思想は、当然ながら左派から保守派までさまざまであったが、それにとらわれることもなく組織化へと進みえたのも、そうした運動の性格と関わっていよう。

また一九四八年には、京都に部落問題研究所が設立され、以後それは部落問題研究の拠点の役割を果たしていく。当初、事務局は朝田善之助の自宅に置かれ、木村京太郎が編集実務を担当した。

温存される精神構造としての天皇制

とはいえ、一九四五年一〇月四日のいわゆる人権指令を契機として議論が噴出した天皇制の問題は、部落解放全国委員会でも議論を呼び起こさずにはおかなかった。ことに部落解放運動においては、戦中の弾圧で頓挫を余儀なくされたとはいえ、一九三二年に日本共産党の三二年テーゼが出されて以来、絶対主義的天皇制こそが身分差別の根源と考えられていたため、人びとの関心はことのほか強かった。

一九四六年二月二〇日、部落解放全国委員会結成大会の翌日に京都で開かれた部落解放人民大会では、福岡の井元麟之は、「我々被圧迫部落民衆こそは、征服者が支配してゐる天皇制に、最も鋭く対立する処のものであります」と述べて、「征服者」の頂点に天皇制を位置づけている。北原泰作も同様、「天皇族によって征服された処の土族」に「被圧迫部落民の遠い祖先」を見出し、「ブルジョア革命を不徹底に終って、天皇制的な絶対専制的な財閥、結託せる軍閥、官僚的な地主のこの日本の支配体制こそ、我々を極めて悲惨な奴隷的な状態に陥れてゐる処の歴史的根拠であることを我々は知らなければならない」とした。その上で、「差別観念を発生せしめる処の根拠の、溝水てきな天皇制支配の打倒なくしては、溝水を徹底的に整理しなければ、蚊は絶対に殺されたと云ふことは出来ないのであります」と述べ、そのための「民主統一戦線」を呼びかけた。

松本治一郎も、明示的にではなかったが、「完全なる民主々義革命の達成とは、封建的な旧勢力を根本的に一掃することであります。即ち人民大衆の上に不都合極まる優越感を以って、君臨してゐる上層身分の者を、完全になくすることであります」と述べており、「君臨してゐる上層身分の者」が天皇制を含意していたことは明らかであろう（京都部落史研究所編『復刻 部落解放人民大会速記録』）。

しかし部落解放全国委員会はイデオロギーを超えた大同団結の上になるものであり、現に日本進歩党代表中川喜久から、「修正された天皇制として、民主々義的に天皇制を護持しよう」との意見も出ており、そうした点を配慮して、「決議」には、松本の主張と同様に「我等は華族制度・貴族院・枢密院その他一切の封建的特権を廃止して身分的差別の撤廃を期す」と記すにとどまったが、旧水平社の左派のメンバーを中心に、天皇制は克服すべき対象として重視されていた。

ただし、この時期に噴出した天皇制論の大半がそうであったように、天皇制は封建的反動勢力の象徴として理解されており、部落解放全国委員会は、制度としての天皇制を打倒することに終始した。それと結びつけての部落問題理解も同様で、「被圧迫部落民」という呼称が多用されたことに示されるように、経済・政治的な支配による〝圧迫〟を重視し、そのような観点から天皇制との関係が把握されていた。しかし、実際には和辻哲郎が「国民の全体意志の表現者」と称し(『国民統合の象徴』)、南原繁が「国民の道義的精神生活の中核」をなすものと記して、「民族共同体」あるいは「国民共同体」の表現者として天皇を捉えていたように(『日本の理想』一九六四年)、そうした理解こそが国民多数の保守的な心情をもっとも体現するものだった。丸山眞男は、敗戦後まもなく書いた「超国家主義の論理と心理」の中で、それを、ヨーロッパ絶対君主のような「無よりの価値の創造者」ではなく、万世一系の皇統、皇祖皇宗の遺訓によって統治する「無限の古にさかのぼる伝統の権威を背後に負つ」た存在であり、また、国家主権の精神的権威と政治的権力の一元的占有により倫理と権力の相互移入が行われており、そうした社会では「国家社会的地位の価値基準はその社会的職能よりも、天皇への距離にある。〔中略〕我が国に於ては「卑しい」人民とは隔たつているという意識が、それだけ最高価値たる天皇に近いのだという意識によつて更に強化されているのである」と分析して見せた。しかしながらおおかたの被差別部落民衆はもとより、部落解放運動の担い手たちでさえ、戦前ことに戦時下に「天皇の赤子」であることを部落外民衆との一体感の拠り所としてきたことに対して、自覚的かつ主体的に向き合わないまま、敗戦後にたんに日本「国民」に移行させたにすぎなかったのである。天皇制打倒を掲げる人びとにしても、それは外部からもたらされた政治的スローガンにとどまり、自己の内面に照らして捉え返すことはほとんどなかったといえよう。

こうして部落解放全国委員会は、その決議において、「華族制度・貴族院・枢密院その他一切の封建的特権を廃止して身分的差別の撤廃を期す」と掲げるにとどまった。

貴族あれば賤族あり

一九四六年一一月三日に公布された日本国憲法では、第一四条に「すべて国民は、法の下に平等であって、人種、信条、性別、社会的身分又は門地により、政治的、経済的又は社会的関係において、差別されない」と謳った。そこに至るまでには、松本治一郎をはじめとする部落解放全国委員会幹部やその他関係者たちの意欲・期待が連合国軍最高司令官にぶつけられ、おそらくはそれが奏功して、一九四六年三月六日に日本政府側の出した「憲法改正草案要綱」の「社会的地位」の文言が、同年六月二〇日に帝国議会に提出された「憲法改正草案」では「社会的身分」に変えられるという経緯があった（高野眞澄「憲法六〇年と被差別部落の人権保障」）。

一九四八年一月に起こったいわゆるカニの横ばい事件は、運動がすり抜けていこうとした精神構造としての天皇制との対決の契機を孕んでいたものとして注目される。それは、当時参議院副議長であった松本治一郎が、国会開会式に臨席する天皇に対する議員たちの拝謁姿勢が、あたかも「カニの横ばい」のごときであるとしてそれを拒否し、議論を呼び起こした事件であった。

ＧＨＱ民間諜報局によれば松本は、「……天皇には、敗戦によって人々をたいへん悲惨な状態に陥らせた、あの無謀な戦争の責任がある。彼には、何も知らされず、権限もなかったという事実は、この責任を回避する口実にはなりえない。人民を搾取する機関として長い間利用され続けてきた天皇制は、人民共和政府を実現するために、直ちに根本的に廃止されるべきである。このために、私は絶え間なく闘い続けるだろう。……」（民間諜報局「七六、天皇制廃止のために絶え間なく闘う松本治一郎」一九四八年八月一二日通信書簡）と主張していた。また松本は自らこの事件を振り返って、「要は、日本の民主化のためにうしなわれた人間性をとりかえすために、天皇制につきまとう古い無意味なハンブンジョクレイ〔繁文縟礼〕を一つ一つ打破していく必要があったのである。〔中略〕人間天皇を人間以上のものにデッチあげ、これを神格化して拝むような形で崇拝するということは人間に対する尊敬ではなくて、むしろ侮辱である。〔中略〕人より上に人はなく、人より下に人はないのだ」（松本『部落解放への三十年』）とも述べている。

この松本の提起は、日本国憲法の発布を経て一九四七年以後、天皇制をめぐる議論が後退していったあとになされたものであり、人間の尊厳を踏みにじる貴賤の別に対して、戦前の水平社の時代から松本が徹底してこだわり続けてきたことの延長線上に、粘り強く行われてきたものとして注目すべきである。自らの言動を絶えず運動の理念に忠実であろうとし、権威や権力に屈することなく、個人でそれを身をもって示した。そうした自己の言動に対する省察の集積が存在してこそ、天皇制打倒の政治的スローガンも、丸山眞男が指摘した前述のような精神構造を突き崩すに足りうるものとなるはずであった。

なお松本は、そのような果敢な闘いを展開したがゆえに、一九四九年一月、第二次吉田茂内閣のもとで、戦時下に大和報国運動の理事であったことを理由に公職追放の対象とされた。

「封建時代の亡霊」――解放へのオプティミズム

天皇制と並んで封建制打倒という空気も、当時の社会を広く覆っていた。そうした状況のもとで、部落問題を主題とした数少ない小説として知られる島崎藤村『破戒』（一九〇六年）が再度、映画や演劇というメディアを通じて脚光を浴びることとなった。一九四八年一月、東京有楽座で『破戒』の民衆芸術劇場と新協劇団の合同講演が行われ、次いで同年一二月、監督木下恵介のもとで松竹京都により映画化が実現をみる。

周知のように、小説『破戒』は藤村の手により一九二九年に絶版とされ、一九三九年に一部書き改めて復刊に至るという経緯をたどってきた。さらに戦時下において新協劇団による上演の試みもなされ、それも弾圧により頓挫せざるをえないなど、公開に至るまでには数々の障碍があった。それが敗戦を経て演劇・映画と相次いで実現をみたのは、当時の部落解放全国委員会の協力が得られ、とくに映画においては制作顧問として全国委員会の委員長でもあった松本治一郎が名を連ねたためと考えられる。

映画は、「自由と平等　そして人権の尊重　それは――今日、新憲法によつて保証されたとはいえ、しかも尚、封建時代の亡霊が、我々の周囲につきまとつてはいないだろうか」という画面上に書かれた文字による問いかけから始まる。さらに、このようにもいう。「明治になつて身分は廃され四民平等の世とはなつたが、永い間の因習と無智とから部落民に対するいはれなき　蔑視　偏見　迫害は依然として続いた」と。

そうして場面は、「明治三十五年」（一九〇二年）の信州飯山町へと移り、ある男性（原作では大日向という人物）が部落民ゆえに借家を追われていくところに、ちょうど瀬川丑松と彼の無二の朋友土屋銀之助が登場する。銀之助はその男性の迫害を目の当たりにして、「文明開化のご時世に一体何だ」と怒り、それに果敢に立ち向かう存在として、被差別部落出身で「自由民権」思想の体現者である猪子蓮太郎を引き合いに出す。

ここに明らかなように、この作品では、「封建」と「文明開化」の対比がそのまま、この映画がつくられた時代の「封建時代の亡霊」と新憲法に代表される「自由と平等の精神」との対抗という図式に重ね合わせられているのである。「封建時代の亡霊」と称することで、そのような問題を内包している戦後民主主義それ自体に根底から問いを発するのではなく、あくまでまだ克服しきれずにある残存物として封建的差別を浮かび上がらせる。それは、部落差別はいずれ近未来に克服されるはずのものというオプティミズムに立っていたことを意味しよう。

部落差別のそのような位置づけ方は、「士族」であることを唯一誇りとして生きている風間敬之進という人物に投げかけた銀之助の台詞にも示されている。風間は、校長に辞表を強要されたことから、その校長を「ど百姓」と陰で罵ってはいるが、面と向かっては抗議しえず、零落する士族の屈辱を味わいつつ堪え忍ばなければならない。風間の同僚である銀之助は、そのように士族というプライドを捨てきれないでいる風間を、「身分などという亡霊にとっつかれている」と評し、それには「清算しきれないで残っている封建的なものがあるからだ」と、猪子の著書の中のことばを借りつつ批判する。先にも述べたように、部落差別は本来民主主義とは相容れず、清算すべきはずの残存物であるとする認識は、さほど遠くない将来に実現可能であるとの展望と表裏一体であった。ゆえに、民主主義が高唱される風潮に棹さしながら、長らくタブーであり続けてきた部落問題を主題にすえることが可能になったといえよう。

そのような差別からの解放の展望に関するオプティミズムは、当時の部落解放運動のなかにもあり、部落解放全国委員会の「宣言」もまた、「軍国主義的・封建的反動勢力の徹底打倒！　一切の民主々義勢力の結集による民主戦線の即時結成！　民主政権の樹立による部落民衆の完全なる解放！」を高らかに謳い上げていた。「民主政権の樹立」も近未来に実現可能であり、そのもとで部落解放への展望が開けるとの希望的観測が見え隠れする。

しかし現実は、必ずしも楽観を許すことばかりではなかった。この映画の中で、被差別部落の出身であるという丑松の告白を聞いた風間が、我が「士族の娘」志保と恋仲になっていたことを、先祖に申しわけないといいながらとり乱して憤る場面がある。「人間の価値に何の差があるんです」という銀之助の問いにも聞く耳をもたず、「無礼者」の一言で片づけてしまう。いうまでもなく、風間が「零落する士族」であり惨めな境遇にあったからこそ、自らのアイデンティティを保つためには、丑松の出自にこだわり続けなければならなかったのである。

この場面は原作には存在せず、この映画で新たにつけ加えられたものである。「文明開化」の世の中になお「士族」という「封建時代の亡霊」にとりつかれている姿を通して、同じく

「封建時代の亡霊」である部落差別に固執していることの愚かしさを批判するという手法であり、観客が「文明開化」を「民主主義」に置き換えることを意図したもので、まさに映画の冒頭の問いかけに照応している。

製作者の意図はあくまで、清算されるべきものがいまだ残されていることの愚かしさの告発であったと思われる。しかしながら丑松の告白がもたらした風間の丑松に対する態度の豹変は、もう一歩踏みとどまってみるならば、「封建時代の亡霊」を取り去ることがけっして容易ではないことを突きつける効果をもったとはいえまいか。

2　戦後改革・復興と被差別部落

農地改革と被差別部落

敗戦後の被差別部落の実態と生活は、広島・長崎に投下された原爆によってすべてが焦土と化したところ、空襲で廃墟となったところやそのまま残ったところなどさまざまであった。空襲などの直接的被害に遭わなかった滋賀県野洲郡野洲町（現野洲市）の被差別部落民にとっての敗戦は、たんに戦後の食糧難などによって困窮していく日常生活の出発点にすぎなかった。当時一二歳だった男性は、学徒動員の勤労奉仕で製缶工場で働いており、周囲の雰囲気と勤労奉仕の突然の打ち切りによって敗戦を知り、「鉄砲の弾」が飛んでこなくなることに安堵したといい、同年代の女性も同様であったと語る。

野洲町の被差別部落は六七戸からなるが、そのうち三一戸、四六・二％が非農家であり、その人たちは、養豚、箔・水引の製造、運送業などに従事して生活を支えてきた（『野洲の部落史 通史編・史料編』二〇〇〇年）。それゆえ、一九四六年から二次にわたって農地改革が行われるも、その恩恵には浴さない人びとが多かった。

そもそも農地改革は三反歩以下の零細な小作地は改革の対象から除外したため、農業を営んでいても零細な小作人の多かった被差別部落では、その対象から外された人も少なくなかった。戦前からの融和運動の指導者であった山本政夫は、「農地制度の改革によって部落農家の二割程度のものはその地位も安定し生活もいくらか楽になったと見受けられるが、その反対に、農地改革から除外された三反歩以下の貧農はもちろん、五反歩内外の零細農全体が相変わらず惨めな生活をくり返している。これらの零細農のなかに多くの半失業者が潜在しており、とくに女子が圧倒的に多数を占めていることは注目されねばならない」との評価を与えている（「同和対策の前進のために」一九五九年九月）。

なかには野洲町の被差別部落のように、農地を譲り受けた一五人中、三反歩未満が半分以上を占めているという実態もあるが、他県、他地区では農地改革によって自作農が大幅に増加したところも少なくない。しかし総じていえば、農地改革においても被差別部落の農民の多くは、この三反歩未満除外の規程のために恩恵を蒙らなかったというのが、当該時期の部落解放同盟（部落解放全国委員会が一九五五年に改組）の見解であった（部落解放同盟「部落問題解決のための国策樹立に関する要望書」一九五八年一月二五日、の中の「部落問題解決のための農林省に対する要望書」）。杉之原寿一の研究によれば、それは和歌山県の場合にも当てはまり、自作農が著しく増加したとはいえず、一九五二年時点での被差別部落の農民の土地所有者は、〇・五ヘクタール以下が全農家戸数の六四・八％であった（杉之原『現代部落差別の研究』）。

千葉県のある被差別部落では、敗戦後、物資が欠乏する中で配給品の煙草は貴重で、人びとは茨城に行って仕入れた葉煙草を売る、いわゆるヤミ屋をして生計を立てていたという。一九四九年、四年間のシベリア抑留を経て故郷に帰った一九二一年生まれの青年は、農地改革によって被差別部落の暮らしもよくなったとの実感をもったが、五反（〇・五ヘクタール）の農地だけでは食べていけず、堤防のかさ上げの仕事に従事し、もっこ担ぎをして二人分働いたという(聞きとり)。このように被差別部落の人びとは、あらゆる仕事に従事して生活の糧を得、戦後を生き抜いてきた。

千葉県内の別の被差別部落でも、戦前、部落ぐるみで部落外の地主から借りて麦・陸稲・野菜などを作っていた畑を農地改革によって所有できるようになったため、食生活はよくなったが、貧しさそれ自体はさほど変わらなかったという(聞きとり)。やや時代は下るが、部落解放同盟機関紙『解放新聞』は、同和対策事業が行われる以前の一九六〇年頃のこの地域の様子をつぎのように報じている。被差別部落は三八戸四〇世帯、二一五名からなり、そのうち五、六反の土地所有者が六戸で、それ以外は一反未満かまったく土地をもっておらず、東京の皮革工場に通勤する者が多い。長欠児童も小学校で一二名、中学校で六名おり、ほとんどが生活困難な家庭である。その生活は「原始的」で「今なお穴グラ式」である、と(『解放新聞』第一八七号、一九六一年二月五日)。

これらに明らかなように、被差別部落は、農地改革によって自作地を持てたところも実際には少なくなかったが、農業経営のみで生計を営めるほどの規模ではなく、依然、差別によって安定した仕事に就く道を阻まれながら、戦後復興の中で部落外との格差を余儀なくされ、しだいにとり残されていったのである。

とり残された被差別部落――オール・ロマンス事件

『破戒』上映から三年後の一九五一年、オール・ロマンス事件が起こった。そのきっかけとなったのは、雑誌『オール・ロマンス』（一九五一年一〇月号）に掲載された「暴露小説 特殊部落」と題する小説であった。その舞台にされた京都市内の被差別部落は、ドブロクの密造場所であり日傭労働者や博徒たちが徘徊する場として描き出されていた。それはまさしく、戦後復興からとり残された被差別部落のありようを象徴的に示すものとして受け止められたであろう。

この事件が、行政的施策の不備を暴露し、それ以後の行政闘争高揚の契機になったことはすでによく知られている。そもそもは被差別部落に対する差別的な認識を問題にしたものであるが、加えて作者が京都市内の保健所に勤務する市職員であったことから、小説の背景にあるような部落の実態を放置してきたことと、ほかならぬ市職員の差別認識という二重の意味における市の責任を問うものであった。小説それ自体は、在日朝鮮人の父をもつ青年医師の主人公浩一と、京都の部落に住むやはり朝鮮人の女性・純子の、ともに同じ境遇を背負う者同士の恋愛が一つの軸をなしており、その背景として、在日朝鮮人と被差別部落の人びとが混在しながら織りなす部落の実態が描かれていた。

当初、運動の側が問題にしたのは、安易な恋愛小説に興味本位に部落の実態を持ち出す作者の姿勢であった。しかし部落解放京都府連合会は、その後そうした認識をさらに掘り下げる方向には向かわず、この事件を生み出した原因を「その意志がどうあろうとも、天皇崇拝を強化し、日本を外国の植民地にしようとする、日本の支配者の手先となって、部落民衆にたいする差別を激化するために、一役買った」ものと位置づけ、政治運動一般のなかに昇華させていった。同時に京都府連合会は、「保健所の職員として市役所につとめ、業務として部落の家庭指導に当っている人間によって、何気なしに書かれた小説が、実に差別感にあふれており、そのために、社会的にはかり知れない差別感情を生み出してゆく事実に、事件の重大さをみなければならない」とし、「差別は市政の中にある」との認識のもとに市の責任を追及した。これまでにも見てきたように、「差別観念とは、正に、差別される実態の、即ちその存在の反映にすぎない。差別される実態が厳然として存在するとき、差別感のみを処断することの無意味さがあきらかであろう」と考えられていたから、運動はこれを好機と見なし、「差別される実態」の改善を求めて土木行政・保健衛生行政・民政行政・教育行政・水道行政・経済行政にわたる二二項目をあげ、京都市政に対する闘争を挑んでいったのである。登場人物が在日朝鮮人でありながら解放委員会がその点を不問にしているのも、そもそもこの事件を敷衍して民衆の差別的な認識を問うことよりも、住環境改善を要求する途を選んだこととの結果として当然であった。

その小説の中で飛び交い、小説のタイトルにもなっている「特殊部落」ということばや、「人種を超越した崇高なるヒューマニズムの華！」といった謳い文句に用いられている「人種」という把握も、世間では被差別部落と重ねて受け止められていった。当該時期の部落解放全国委員会は、この事件を奇貨として行政闘争に転じるために、あえてそうした差別の徴表をも一手に引き受けたともいえるが、それにもまして、「人種」という徴表がいとも容易に被差別部落に付着されるものであったことも銘記しておかねばならない。

国策を求めて

オール・ロマンス事件が起こった年の一〇月、三重県松阪市の全日本自由労働組合員二七一名が市職業安定所に完全就労を要求して座り込み、検束されるという事件があった。このうち二〇〇名は被差別部落住民であるといわれており、これも被差別部落の抱える大量失業者の問題を改めて世に問うきっかけとなった。さらに翌五二年二月に和歌山県で起こった

「西川議員差別事件」と呼ばれる県会議員の差別発言に発する糾弾事件などを経て、一九五三年七月三一日、部落解放全国委員会は、部落差別は地方自治体の、ひいては政府の行政的貧困に起因するとして、政府に「部落解放行政に関する要請書」を提出し、行政闘争にいっそう力点を移していった。

雑誌『部落問題』に掲載されたルポルタージュは、京都市のある部落の様子を、「たいていの家は三畳か四畳の部屋が二つ位で、奥の方では、暗く垂れた蚊帳の中で、子供達が折り重なるようにしてねむっている」「これらの人々の大部分は市交通局関係（運転手、車掌、車両工、軌道工夫など）と安定所通いの日雇労働者（土建）が大多数で、民間工場に勤めている人は極く少数である」と伝えている（「ルポルタージュ ある部落の二十四時間」『部落問題』第一八号）。とりわけ都市型部落では、失業対策は重要な問題であり、一九四九年、緊急失業対策法が制定されて、「失対労働者」として働くことが生活の糧を得る大きな柱となっていった。

このような被差別部落の失業と経済的貧困の問題に対して、運動団体ばかりでなく地方自治体も、独自に予算を計上して対策に取り組むようになった。ことに和歌山県で一九五一年七月に開かれた西日本同和対策協議会を機に、部落問題に関わる地方公共団体の職員が中心になって全日本同和対策協議会を結成し、国策要求の陳情をしばしば行っていった。京都府議会も、一九五二年一二月一〇日、「地方自治体においては、同和問題の現実とその喫緊性にかんがみ、終戦後極度に窮迫せる財政にもかかわらず、同和事業の推進に日夜努力を続けてきたのであるが、地方自治体の財政力はもはやその限界に達し、終局の目的を達成することの困難な事態に当面するに至ったのである」として、「同和問題解決の国策樹立に関する意見書」を提出している。これらに示されるように、深刻な部落問題の現実に直接向き合い、被差別部落住民との接触の窓口となる地方自治体は、国策要求の牽引力とならざるをえなかった。

部落解放同盟の成立

大同団結のもとに出発した部落解放全国委員会は、一九五五年八月、部落解放同盟に改称した。改称の理由は、次のとおりである。

組織の名称は説明するまでもなく、「端的にその団体の性格と機能をあらわす」ものであることが原則である。この原則に立つ時、広汎な部落大衆が立上っている現在においては部落解放全国委員会の名称は適当でない。そこでわれわれは、結成十周年の大会において、名称を「部落解放同盟」とあらため、名実共に部落大衆を動員し、組織し得る大衆団体としての性格を明らかにし、そして真に全部落民団結の統一体として、解放闘争を飛躍的に拡大発展せしめるべきである。（「第十回全国大会」一九五五年八月二七―二八日）

すなわち、先に見た行政闘争路線への転換により被差別部落住民の日常的な生活要求を汲み上げることで支持基盤の拡大が容易になったためといえよう。一方、部落解放全国委員会の中の旧水平社の指導者たちは、一九五一年以来「民族解放民主革命の有力な一翼としての主体的な条件を強めることができた」と総括しており、そのような認識に立つ以上、旧融和運動関係者たちと袂を分かつべきときが来るのも時間の問題であった。

立ち上がる女性たち

戦前の婦人水平社が幅広い広がりをもつことなく潰えたように、被差別部落の女性が全国委員会の運動に参加していくまでには、少なからぬ時間を要した。独自に部落解放全国婦人集会がもたれ、婦人部が立ち上げられていく経緯については濱口亜紀が詳細に追っているように（濱口「部落解放全国婦人集会の開催とその意義」）、その第一回が開催されるのは一九五六年のことで、それは部落解放全国委員会が一九五五年に部落解放同盟に改組されて大衆運動団体としての性格を明瞭に打ち出すのと軌を一にしていた。

『解放新聞』の紙面に女性に関わる記事が登場するのは、第二一号（一九五〇年一月一〇日）に設けられた「ふじんのらん」が最初であった。しかしそれは、北京でのアジア婦人会議の開催を報じ、抽象的に勤労女性の立ち上がりを促すにとどまるもので、被差別部落女性の問題に立ち入るものではなかった。

一九五二年になって再び、被差別部落女性の実態や彼女たちの声を報じる記事が現れはじめる。一九五四年に部落解放全国委員会第九回大会で青年婦人分科会が開かれたのを機に、第六八号（一九五四年六月一五日）から「青婦らん」が設けられた。分科会にも一〇〇名近い代議員が集ったと報じられているが、そもそも「青年」と「婦人」を一緒くたにすること自体の必然性がなく、たんに運動の戦力拡大以上のものではなかったであろう。

しかしながら第九回大会以後、「各地で青年婦人会議が活発に開かれている」ことを『解放新聞』が伝えており（第七一号、一九五四年九月一五日）、それ以後そうした集会の場を通じて女性自らの声が上げられはじめる。同年一二月六―九日に岡山で開かれた婦人集会では、次のような声が発せられた。「婦人だといってバカにしたり、家の中へとぢこめておく封建的なことはやめて下さい。職のあっせんをして下さい。手先の仕事がなかったら土方でも結構です」「みんなでニワトリを飼いたいが資金がないのです」「未亡人で生活保障をうけている人たちを、さげすまないで下さい」。しかし、そうした叫びも、「これは平和を守らなければ決してよくなりません。私たちは部落内外をとわず、手をにぎりあって共通の敵と斗いましょうと意見が一致しました」(第七四号、一九五四年一二月二五日)というように、「平和を守る」といった大きな政治的課題に流し込まれていく傾向が顕著であった。

日本母親大会と被差別部落女性

一九五五年六月七日から三日間、岡山県で開かれた日本母親大会は、部落解放全国委員会岡山県連合会が支え、『解放新聞』は、「原爆のことが心配　岡山県で母親大会準備」という見出しでそれを報じた。しかしそこで具体的に語られているのは、「いま母親がくじけてはいかなる差別にも負けないだけの子供を育てることができない」としてそのために子供会をどのようにやっていくかということであった。その背後に込められているのは、「高等学校を苦労して出したけれど、就職できない」「私たちは夜があければ、今日一日、どうやって送ろうか苦しい生活におわれて、話あいをもつことすらできません」といった悩みであり、「どんなに苦しくても今子供だけは正しく育ててゆきたい」という願いを子供会活動に託したものであった（第七九号、一九五五年五月二五日）。

そこには、子どもの教育に時間を割きたくてもなしえない、まさに「差別と貧乏においこまれた母親の切実な悩み」が吐露されているのだが、それを報じる文章のあとには、「また」という接続詞で、「おそろしい原子戦争の準備に反対する署名活動に参加することをきめました」とつづく。その関係はまさにその接続詞が意味する並列以外のなにものでもなく、子どもの教育に関する悩みと「平和」は切り結んでいないのである。母親たちが、「平和を守る」ための原水爆禁止署名に参加することでその解決がなしうると、心底から納得していたとは考えがたい。一方で部落解放同盟は、戦前の水平運動の時代と同様、女性たちを男性主導の運動に戦力として動員しているにすぎないという側面を少なからずもっていたであろうし、また、子どもを育てることの悩みを女性一人に委ねて何のうしろめたさも感じない状況が瀰漫していたのであろう。そうした中で問題は、もっぱら「平和を守る」という革新政党の政治的スローガンのなかに封じ込められていったのであり、女性＝母親＝平和主義者という本質主義によって、一般に女性たちが平和運動に動員されていったことについては、「「女性」（したがってジェンダー）の主題化を阻む」ことにつながるという上野千鶴子の重要な指摘がある（上野「戦後女性運動の地政学」）。しかし、被差別部落の場合には、女性の主題化を回避しようにもできない現実の困難が噴出し続けることになる。

一九五五年に部落解放同盟と改められて以後、青年から分離して「婦人分科会」が独立してもたれることとなった。その模様は、「夫の反対おしきって大会に出席」という見出しで『解放新聞』に報道され、実際に「分科会は、まづ、こんどの大会に婦人がたくさん参加しているが、どのようにして参加できたのか、ということからはじまった」という。そうしてそこでは、「運動をやることを、夫も息子も理解してくれないのです。しかし、私は反対をおしきって大会にきました」（岡山）といった声があげられた（第八二号、一九五五年九月二五日）。女性の社会参加の前に、夫の反対という壁が立ちはだかることはしばしばであったが、ここでもやはりまず乗り越えなければならない障碍はそれであった。

そうした中で、ようやく一九五六年三月二一日、部落解放同盟中央青年婦人対策部の主催により、京都市皆山中学校で部落解放全国婦人集会が開催された。そこには二府一四県から約一〇〇〇名の女性が集まったといい（『解放新聞』第八八号、一九五六年四月二五日）、女性が運動に参加するということに大きな意味を見出した会合であったといえよう。

なお、一九六三年、教科書無償法が成立し、翌年から小学校で、翌々年から中学校で実施されることとなった。これが、高知県長浜地区を拠点とする部落解放運動の成果であったことはよく知られているが、その中でも「母と女教師の会」が大きな役割を果たした。（尾川昌法「高知県における教科書無償化運動」『部落問題解決過程の研究』第一巻）

求められる同和教育

すでに見てきたように、「民主主義」ということばは敗戦を機に氾濫したが、封建的残滓の最たるものと見られていた部落問題に対する社会の認識は、いまだ戦前の延長線上にあった。それだけに、戦前の正負両面の遺産を引き継ぎながら行われていった「同和教育」は、「民主革命」の名の下に制度革命にのみ目が奪われがちであった状況の中で、そうした差別意識の問題を明るみに出すための重要な使命を負っていた。

和歌山県は、戦前からの京都崇仁小学校の同和教育の指導者として知られる伊藤茂光の命名で責善教育と称し、一九四七年三月、教職員組合がいち早く教育問題に取り組んだことで知られている。責善教育を組み立てるにあたっての部落問題の現状認識として挙げられているのが、「一般側に残存している因襲的差別観念が極めて濃厚で且根強いものである事実」

「関係地区が一般的に、衛生思想や文化、教養等の面から見て遜色がある事実、これは政治や経済機構等より生じた歴史的罪悪の所産と考えられる」「水平運動当時の恐怖観念が今なお一般側に残り、さわらぬ神にたたりなしとして敬遠的態度をとる事実」等であった（「資料和歌山県に於ける責善教育」『部落問題研究』第一巻第五号）。

戦前から根強くあった、被差別部落の人びとは「人種がちがう」という認識は、戦後にも引き継がれていた。連合国軍総司令部民間情報教育局の一員として占領行政に携わったハーバート・パッシンは、日本に来る前から部落問題について知っており、「封建時代からの遺物」であり「人種問題として考えなかった」というが、日本の民衆は必ずしもそうではなかったことを、後年のインタビューのなかで次のように語っている。

日本人もよく言いました。特に地方へ行けば、そういう偏見がよくあった。実態調査の時、村に行くとね、「ちょっと人種が違うんだ。朝鮮から来たんだ。顔だちが違うでしょう」って、よく言われたんです。（〈聞き取り〉「占領期の部落問題について——ハーバート・パッシンさんに聞く」『部落解放研究』第五六号）

部落解放全国委員会は、オール・ロマンス事件と並んで行政闘争のきっかけとなった一九五二年二月の西川議員差別事件の際に、「従来の責善教育は、全く差別再生産のための教育である、ということをはっきりさせたということである。〔中略〕いかに、主観的で誠意があるとしても、その主観的な誠意と、涙まじりの訓戒とでは、限界がある、ということをバクロしたのである」と述べて、「同和教育」が新たな段階に踏み出すべきことを提起していた。前述のような意味をもっていたはずの責善教育を、「全く差別再生産のための教育」であったとするのは、土台還元論に立ったあまりに性急すぎる評価といわねばならないが、部落問題に向き合う人びとの間で、「同和教育」のあり方が十全ではないとの認識が共有されていたことはまぎれもない事実であった。

全国同和教育研究協議会の結成

こうした認識の広がりの上に、続く同年五月大阪で起こった南中学校事件、翌六月の広島県における吉和中学校事件という教育現場での相次ぐ差別事件の発生、そしてそれとほぼ重なり合う時期に出され、学校・社会教育を通じて「同胞一和の精神を徹底させること」の必要を述べた「文部次官通達」（一九五二年六月二七日）などを経て、一九五三年五月全国同和教育研究協議会（以下、略称全同教）の結成に至る。

その中心となった一人の大阪学芸大学教員・盛田嘉徳は、それ以前から「部落の子は乱暴で卑屈で困ると言われる。それは先生からも、また当の父兄からさえも出る言葉である。

［中略］大体、幼児はその旺盛な生命力が溢れ出て悪戯をしないでは居られないものであるが、特に部落に於いては、一家をあげて労働に追われてゐて幼児期の面倒を十分に見てやれないこと、適当な遊び道具さえ与えられないこと、要するに貧困なために幼児が放任されているので、そうした境遇に置かれた幼児は、本能的に大人の注意を引くような悪戯をやるものである。仕事に忙しい大人はたとえ幼児が良いことをしたとしても、めったに眼をとめて褒めてはくれないものである」と、被差別部落の子どもの置かれた問題を内在的に捉え、それが被差別部落の経済的低位性や労働条件によって生じているものであることを訴えて、偏見の粉砕に努めた。その上で盛田は、「我が国民の思想・感情の中に根強く残存している封建性の、最も端的な現れとしての部落の存在は、我が国の民主化の程度をきわめて明瞭に示しているもの」と断じた（「同和教育について」『部落問題研究』第一巻第五号）。

部落問題の存在を民主化の程度の試金石と見るこのような姿勢は、結成された全同教にも継承されており、その結成趣意書は次のように謳い上げている。

人間が人間を差別している。日本の封建制は今も尚、固く殻を閉して解放への真の喜びの日は尚遠しの感が深い。吾々はその最も代表的な姿を同和問題に見る。実に同和問題の解決こそは新生日本民族に課せられた最も重要な課題であると言わねばならない。この問題の解決なくして日本の民主化は絶対に有り得ない。民主教育とは個人の自由、平等、人格価値の尊厳を基調とする教育である。若し個人の自由が奪われ、人格が無視され、甚だしく傷つけられる様な事態が存在するならば、民主教育は、敢然としてこの事態と取組み、これと闘う教育でなければならない。——即ち民主教育は当然同和教育に高い位置を与える教育であるべきである。

それは、のちに「同和教育」がそれなりに根づいて以後顕著となる、部落問題さえ取り上げていれば民主教育の証となりうるとするような倒錯した教育界の姿勢とは異なり、部落問題の視点から日本の民主化の内実を問い、民主教育をうわべだけのものにしてはならないとする真摯な態度に支えられていた。そこでは、従来の「同和教育」が抱える地域間の実践のちがいの大きさを痛感しての連携・情報交換の必要と、運動の力量の拡大をはかることの重要性が認識されていた。そうして被差別部落の経済的低位性が生活・文化的教育的環境の劣悪さを生み、それが被差別部落児童の長欠・不就学や、学力・高校進学率の低位につながり、それに加えての就職差別が、さらには被差別部落の失業・半失業状態の比率の高さを招くという悪循環に陥っていることを告発していった。

3 高度経済成長と広がる格差

格差の顕在化

日本は、一九五〇年代後半から好況となり、一九六〇年以後は、安保闘争で退陣した岸信介内閣に替わって成立した池田勇人内閣のもとで、所得倍増計画・高度経済成長政策が行われ、人びとの暮らしも大きく変化を遂げた。しかし、すでに見たように、生活水準、教育、そして就職と、不利な状況に置かれてきた被差別部落は、ますますそうした変化から取り残され、被差別部落と部落外の格差が顕在化していった。

一九六一年六月、部落解放同盟中央委員会は、「部落解放国策樹立請願運動の方針」の中

で、当該時期の現状認識について次のように述べている。「戦後の民主的改革によって、日本の社会は民主化されたようにいわれている。しかし部落問題は今日なお解決していない。それどころか、差別はますます悪質になった」と。そうして具体例として、裁判所・検察官の差別が問題となった福山事件、三池事件、結婚問題での自殺の増大の三つを挙げる。また暮らしぶりについては、「部落民の生活はますます苦しくなった。独占資本に圧倒されて部落の中小企業は没落し、失業者はいっそう増加し、生活困窮者は激増している。農地解放の恩恵を蒙らなかった部落の農民は、さらにこんどの農業基本法で土地から切り離されルンペン化するよりほかに道がない」と告発している。

政府は、このような高まりつつあった国策樹立要求に押されながら、同和対策審議会（略称同対審）を総理府の付属機関として設置した。その背景には、日本の経済成長によって生み出された、同和対策に踏み切るだけの経済力の蓄積があった。

"貧しさ""みじめさ"の告発

当該時期は、部落解放運動の要求とも足並みをそろえながら、被差別部落の抱える問題の深刻さを告発する映画やルポルタージュなどの作品がさかんに世に問われたときでもあった。

一九六〇年、亀井文夫のもとで製作・上映された映画『人間みな兄弟──部落差別の記録』はその代表的なものの一つである。そこでは、その映画をめぐる部落問題研究所主催座談会における北川鉄夫の、「部落を映画にする場合、下手をすると、部落の貧しさみじめさだけに終って、なぜそうなのかという問題が出てきにくい」「もちろん現実の部落はみじめで暗いものをもっているわけですが、それだけだと、部落はやっぱりちがうではないかと特異な感じをもつということになりかねない」（『部落』第一二五号）といった発言に代表されるような懸念を伴いながらも、同和対策事業が行われる以前の、差別と貧困のなかで生きる人びとの暮らしぶりや仕事などが描き出された。

当時朝日新聞大阪社会部の記者であった平野一郎が書いた「部落──三百万人の訴え」（『朝日新聞』大阪版、一九五六年一二月一─七日）や、『週刊朝日』（一九五七年九月二九日号）に掲載された「部落を解放せよ──日本の中の封建制」（太田信男記）は、『人間みな兄弟』の製作にも少なからず影響を与えたルポルタージュであった。

たとえば、「部落を解放せよ」では、高知県の紡績会社が会社の方針と明言して部落出身者を排除していたことや、表向きはそうは言わなくとも「部落の子は乱暴で、職場の仲間とゴタゴタを起すから……」といった理由、あるいはまったく別の理由をつけて排除している企業がほとんどであるという実態を暴き出している。また生活実態についても、京都を例に都市部落の困窮ぶりを告発し、次のように述べる。「畳数も十畳以下が三分の一。台所もない家が約半数、水を共同の水道または井戸まで汲みに出かける家が七割。八割以上が共同便所を利用している。ちょっとひどい雨が降れば、ドブはあふれ、便所の汚物と一緒になって、路地一面にあふれる。〔中略〕部落の場合、多くは、親代々から、この劣悪な環境に閉じこめられているのである」と。ニコヨン（失業対策事業では日給が二四〇円であったことからこのように呼ばれるようになった）や土方、行商、屑買いなどで生活を支えるさまも描き出されている。同年、『講座部落』（三一書房）の一環として刊行された『部落　藤川清写真集』も、ほぼ同様の姿勢で被差別部落を捉えたもので、社会構造の仕組みの中で被差別部落が最も抑圧され疎外された存在であることを強調していた。

それらはともに、当該時期には、国策樹立獲得のために部落解放運動が、そして被差別当事者の大半が必要としていた被差別部落像でもあったのである。それゆえ、ともすれば被差別部落の否定的イメージの増幅や、「特殊性」を刻印することになるという懸念を伴いながらではあったが、『人間みな兄弟』の上映運動なども各地で行われていった。

〝身の素性〟の壁

しかし、一九六九年に刊行された東上高志『差別——部落問題入門』（三一書房）の中でもなお、慶應義塾大学部落問題研究会が小諸市で行った聞き取り調査では、「彼等は牛小屋にも劣る様な家に住んでいる。家を建てる時も、誰の土地ともはっきりしない所へ建てていく。一般の人が良心的に考えて出来ない様な事でも平気でやる。〔中略〕部落の娘を嫁に貰えば、両親がよいといっても、隣近所の者から絶縁される。部落の人と結婚する事は朝鮮人と結婚する事よりむずかしい」といった声があったことが紹介されており、「部落はやっぱりちがうではないかと特異な感じをもつ」という懸念は、一面で現実のものとなっていたのである。

一九六二年、市川崑監督によってふたたび『破戒』の映画化が行われ、その映画評が『キネマ旬報』一九六二年六月上旬号〈日本映画批評〉に取り上げられており（岡田晋執筆）、そこにも「人種差別がいぜんとして生きている現代」という記述があるのが目につく。藤村自身が原作の中でも、部落差別を「人種の偏執」と表現しており、『破戒』をめぐる評論には「人種問題」と捉えるものが多く、異質な集団と見なす意識が「人種」という表現に結びつけられる現実は、根深く存在していた。

戦後一五年余り経ち、すでに戦後復興を遂げて高度経済成長にさしかかる時代になってもなお、日本社会はそのような現状を抱えていた。前述の木下恵介作品と市川崑作品の二つの映画のちがいをすべて時代状況に還元することはできないが、なおもそのような部落問題の実態があったがゆえに、一九六二年の映画では、「身の素性」を克服することの困難性がより強調されることとなったのではなかろうか。

丑松の父が種牛に襲われて死ぬ冒頭の場面は、この映画のキーワードともなっている「素性」の重みを告げる効果をもつ。もはやそこには、「封建時代の亡霊」などという軽々しい表現は登場しない。丑松が猪子の著書を処分し、その直後に面会に訪れた猪子をも「私は先生を知りません」と言って拒絶し〝猪子先生〟を〝捨て〟なければならなかったのも、そうした「身の素性」の重みゆえにほかならない。

部落民は「顔つきでわかるっていうじゃないですか」という原作にあった教員仲間による会話も、多少の修正を経て復活している。最後の丑松の生徒の前での告白の場面も、一九四八年映画のように、たんに丑松が「部落民」という「素性」を告げないでいたという「嘘」を詫びるということには終始していない。丑松が発する、「部落民というものはそれほど賤しい階級としてあるのです。部落民がもしこの教室にやってきて皆さんに国語や地理を教えるとしたら、皆さんはどう思いますか」「死ぬまで皆さんと同じように人間なんだ。化け物でも動物でもないんだ」という悲痛な訴えは、先の小諸市のレポートに示されたような問題がいまだ存在していることの告発に通ずる。

全日本同和会の結成

一九六〇年五月一〇日、自由民主党の強力な後押しのもと、それと提携して部落問題の解決を図ろうとする人びとにより、全日本同和会が結成された。それは、部落問題を「社会的身分にかかわる問題として把握」し、「したがって、この問題の解決については、特に自由と平等と、人間相互の精神的な結合関係を尊重する。左右の階級的独裁を排し、国民を分裂・抗争に導くような〝階級闘争〟はとらない」（全日本同和会「綱領」）ことを明言したものであった。

全日本同和会結成に当たっては、戦前から中央融和事業協会で中枢的位置にあり、戦前の融和政策を主導してきた山本政夫が大きな役割を果たし、彼は常務理事、事務局長を務めることとなった。また山本は、一九五一年に結成された全日本同和対策協議会と関わりがあったことから、前述の同和対策審議会では、六二年、調査部会専門委員に就任している。

第三章でも見たように、山本は戦前、中央融和事業協会嘱託として融和運動の理論的な論文を執筆していた頃から、被差別部落の経済問題を抜きに部落問題の解決はありえないとの立場を堅持していた。彼のその立場は、同和対策審議会の場でも貫かれた。同和対策審議会総会において、彼は、「実態が変ると意識が変るということは、部落の諸君に対しても言えることだし、一般についても言えることだし、いまの劣悪な環境に置かれている限り、結婚がどうだといっても始まらない」ということを一貫して主張しつづけた。そうして、委員の磯村英一が、「もちろん物的な問題、重要でございますが、〔中略〕それでは憲法のたてまえについて同和問題がどうだという議論をしているたてまえからすると、やはり人権の問題が取上げられることが順序」というのに対して、「物的条件が変ることによって意識が変るのです。私、唯物主観論者ではございませんが、この問題、ここに基礎を置かなければ解決しない」と断固反論し、環境改善対策、産業経済対策、教育対策の順序でいくことを支持した（大阪人権博物館編『山本政夫著作集』）。

同対審答申――「国の責務」

一九六五年八月、同和対策審議会の答申が出された。その前文では、「いうまでもなく同和問題は人類普遍の原理である人間の自由と平等に関する問題であり、日本国憲法によって保障された基本的人権に関わる課題である」と述べて、近代の基本的な理念に照らして「その早急な解決こそ国の責務であり、同時に国民的課題である」ことを明言している。部落問題の解決を「国の責務」として認めたことは、以後の政策を引き出す上で大きな意味をもつとともに、もはや部落問題対策は体制内のものとなったことを意味した。

併せて留意せねばならないのは、そこに「ただ、世人の偏見を打破するためにはっきりと断言しておかなければならないのは、同和地区の住民は異人種でも異民族でもなく、疑いもなく日本民族、日本国民であるということである」と記されている点であり、そのことはそれだけ人種起源説がいまだ一定の影響力をもっていたということの証左である。

答申は、そうした「心理的差別」と「実体的差別」の相互補完作用を指摘した上で、それを断つために、「しばしば社会問題として提起される主観的な差別言動よりも、むしろ一般地区の生活状態および、社会、経済的な一般水準と比較して、同和地区なるがゆえに解決されず取り残されている環境そのもの」に取り組むことを明らかにしており、一九六九年七月、それに基づいて出された同和対策事業特別措置法は、「同和対策事業の目標は、対象地域における生活環境の改善、社会福祉の増進、産業の振興、職業の安定、教育の充実、人権擁護活動の強化等を図ることによって、対象地域の住民の社会的経済的地位の向上を不当にはばむ諸要因を解消することにあるものとする」（第五条）と謳った。

　山本政夫の年来の主張であった物的条件の整備の緊要性は、ここに明確に示されたのである。ただしそれに則った政策は容易には着手されず、部落解放同盟が地方自治体と激しい折衝を重ねた末に、ようやく事業が全国各地で進展していったのは、一九七〇年代半ば以後のことであった。

　人種起源説は、同和対策に従事する官僚の中にも保持されつづけた。部落解放同盟は一九六八年一二月の各省交渉でも、文部省に対して、同省主催で開かれた同和教育研修会で、人種起源説を主張している大学教員（渡辺日大教授とある）を講演させたことを追及している。その追及に対して文部省は、「みなさんは、現在、たしかに日本国民である。しかし、「答申」が「人種起源説」を否定しているのではない」という答申に逆行する回答をし、かつそれへの「もし、われわれの祖先が他民族だったのならば、いつから日本民族になったのか」という同盟からの質問に対しては、佐藤と称する審議官は「さあ……」と答えに窮してしまうという失態を演じた（『解放新聞』第四三六号、一九六八年一二月二五日）。文部官僚にして然りであり、いまだ人びとの意識にいかに根深く人種起源説が浸透していたかは、推しはかるに難くない。

第六章　「市民社会」への包摂から〝いま〟へ

1　部落解放運動の高揚と分裂

部落解放運動の分裂

部落解放同盟は、同和対策事業特別措置法具体化と同対審答申完全実施を求め、「国民運動」と称して運動の大衆的な広がりを追求しながら闘争を展開していった。

しかし、同対審答申の評価をめぐっては、日本共産党支持派と部落解放同盟内の非共産党グループ（日本社会党支持）の対立が顕在化することとなった。戦前のボル派を人的にも考え方の上でも継承している共産党支持派は、部落問題を民主主義ないしは社会主義一般の中で解決すべき課題とし、答申についてもそれを分断する融和主義ないし反共主義とみなしたのに対し、部落解放同盟主流派の非共産党グループは、資本主義体制における高度経済成長のもとでの抑圧を強調しながらも、それゆえにこそ「多年の要望」であった答申による施策の実現を積極的に評価した（『解放新聞』第三三五号、一九六五年八月一五日）。

そうした状況の下で起こった一九六九年の矢田事件（大阪府）、一九七四年の八鹿高校事件

（兵庫県）は、両者の対立をより決定的なものとした。両事件は、いずれも教育現場で起こった事件が差別事件として糾弾に値するかどうかをめぐって争われており、その見解の対立自体が、差別糾弾という運動のあり方をめぐる両者の路線の違いの反映でもあった。矢田事件は、その対立を先鋭化させることとなり、その直後に共産党支持派によって部落解放同盟正常化連絡会議が結成された。

さらに一九七五年、日本共産党は「国民的融合論」（のちに「国民融合論」）を提唱し、封建遺制である部落差別は資本主義の枠内で解決可能であり、現に解消の方向に向かっていることを強調した。それを受けた部落解放運動の潮流が一九七六年に全国部落解放運動連合会（略称全解連）に結集し、ここに部落解放運動は分裂に至った。

狭山差別裁判反対闘争と運動の高まり

しかしながらこの時期は、同和対策事業の実施を勝ちとるべく、これまで運動が未組織であった地域にも部落解放同盟支部ができていく運動の高揚期でもあった。すでに述べたような経済的に劣悪な状態におかれていた被差別部落の人びとにとって、同和対策事業による住環境改善の実現は切実な要求であった。

そのような運動の広がりに拍車をかけたのが、狭山事件をめぐる差別裁判反対闘争であった。

狭山事件は、一九六三年五月一日、埼玉県狭山市で高校一年の女性が行方不明となり、三日後に死体で発見されたことにはじまる。まもなく被差別部落に対する集中的な見込み捜査が行われ、当時二四歳だった被差別部落に住む石川一雄が別件逮捕された。石川は、殺人・死体遺棄についての自白を迫られ、六月二三日、「自白すれば一〇年で出してやる」という捜査官の誘惑によって「自白」に至る。翌六四年三月一一日、一審の浦和地裁で死刑判決が出されるが、同年九月一〇日に行われた東京高等裁判所の控訴審第一回公判で、石川は犯行を否認した。一九七四年一〇月三一日、東京高裁は死刑判決を破棄し、無期懲役を宣告する。最高裁判所は一九七七年八月九日上告を棄却したことから、八月一六日無期懲役が確定した。その後も再審請求、特別抗告が行われたが、新証拠が提出されているにもかかわらず、事実調べがなされないままそれらは棄却されている。石川は、一九九四年一二月二一日仮出獄し、五五歳にして三一年ぶりに生まれ故郷の狭山に帰った。

事件発生の一ヶ月ほど前に起こった子どもの誘拐事件（村越吉展《よしのぶ》ちゃん事件）で、警察は犯人を取り逃がすという失態をおかし世間の非難を浴びていたことから、この事件の背後には、信用回復のためにどうしても犯人逮捕に至らなければならないとする警察側の焦りがあった。加えて、被差別部落は犯罪の温床であるとの差別的偏見がそこに重ねられ、しかも貧困のため学校教育をほとんど受けることができず識字能力もなかった石川の「無知」を利用して彼を犯人に仕立て上げていった、まさしく部落差別によって引き起こされた冤罪事件であった。

部落解放同盟は、一九六五年一〇月五日の第二〇回全国大会で、部落解放同盟埼玉県連合会からの提起を受けて公正裁判を要求する決議を採択し、一九六八年三月には、「狭山事件の真相を聞く会」に日本国民救援会会長難波英夫も招聘され出席しているが、本格的に取り組みをはじめるのは、六九年三月二四日に開催された第二四回全国大会以後のことであった。その大会で行われた「特別決議」においても、「それは権力側の、部落に対する差別と偏見によって、集中的に部落に攻撃をかけ、世間にある差別意識のうえにたって行なわれた」ものであることを明確に述べているように(『解放新聞』第四四四号、一九六九年三月一五日)、この事件は、既存の差別を利用して権力によってつくりあげられ、さらに犯人が被差別部落の青年であるとすることによって、あたかも被差別部落が犯罪の温床であるかのような、かねてからあった徴表をいっそう人びとの意識に刻印していく結果をもたらしたといえ、そのことのもつ意味は重大である。この事件に一貫して向き合った作家の野間宏は、狭山裁判のもつ問題性を、一つは石川が「被差別部落の生れ」であること、二つは別件逮捕により捜査が始められたこと、三つは被告の自白にもとづいて裁判が進められたこと、の三点にわたって指摘し、問題の本質を明確に示した（『狭山裁判』上下、岩波新書、一九七六年）。

部落差別による冤罪犠牲者を出したことへの憤りは、戦前の高松差別裁判闘争の場合と同様、広範な被差別部落の人びとを解放運動へと向かわせた。

千葉県では一九七四年に部落解放同盟の支部ができており、それに参加していった女性たちからの聞きとりによれば、彼女たちが最初に出会った運動は狭山闘争であった。折から部落解放同盟は、一九七〇年には狭山差別裁判反対を訴えて全国行進を行い、また一九七四年には第二審東京高裁の判決を前に、東京日比谷公園で完全無罪判決要求中央総決起集会を開催するなど、闘争は高揚していた。彼女たちは、日比谷公園で行われた抗議集会や石川一雄の両親訪問にも参加したりする中で、解放同盟を名のるゼッケンをつけることにすら抵抗があった最初の頃とは打って変わって、「なんとしても解放運動をやらなくては」という気持ちに駆り立てられていったという。千葉県の運動の発展は狭山闘争の高揚期と照応しており、ここにもその一端が明らかなように、狭山闘争への組織活動に応じる中で支部の組織化が進められていく場合が少なくなかった。

明るみに出る就職差別――「部落地名総鑑」事件

さらに、そうした運動の高揚に拍車をかけたのは、一九七五年一一月の『部落地名総鑑』の発覚であった。それは悪質な業者が、全国の被差別部落の地名・所在地・戸数・職業などを掲載して、それを全国の企業などにダイレクトメールをつうじて販売していたものであり、それ以後も『全国特殊部落リスト』などさまざまな書名を冠した同類の存在が明るみに出されていった。これらの地名総鑑の購入者は二四〇にのぼることが明らかとなっており、重要なことは、その記載内容に価値を見出すがゆえにそれだけの数が売れたのであり、すなわちそれは少なからぬ企業が、採用、昇進などにおいて被差別部落出身であるか否かを一つの指標にしてきたという点にある。

これまでにも見てきたように、就職差別は一貫して部落問題の根幹を形づくっている重要な要素であった。就職差別に苦しむ若い男女の姿が前述の映画『人間みな兄弟』にも登場しているように、差別の存在は明白であったにもかかわらず、それを証拠として突きつけられないところに問題の根深さと解決の困難さがあった。ところが、まさにその揺るぎなき証拠がここに示されたのであり、部落解放同盟はその糾弾にとり組んでいった。

企業の論理は、本来、被差別部落出身者を排除することとしないことの利害得失を勘案して判断するものである。被差別部落出身者に対しては、これまでにも見てきたようなさまざまな偏見と運動団体の存在を理由に、リスクや面倒を避けるという理由で忌避や排除が行われてきたと考えられるが、ここに至って企業側も、被差別部落出身を理由とする一様な排除は逆に有能な人材を逃すという損失をもたらしかねず、そのデメリットの方の大きさを認識する転機になったと思われる。この一件以後、就職差別問題は大きく好転するが、むろん、いまだ完全に消失したとはいえずにある。

2 部落解放運動の再点検

「市民になる」ことをめぐる相克――中上健次の登場

一九七〇年代後半から、地域差を伴いながらではあれ被差別部落の様相は大きく変化していく。それは、一つは同時期の同和対策事業の進展であり、もう一つは、「部落地名総鑑」事件を機とする就職差別の軽減がもたらしたものであった。以前に比べて被差別部落の経済的安定と住環境の改善が進んだことにより、被差別部落と部落外の格差が縮小して部落問題は不可視化の傾向をたどり、同和対策事業がめざしてきた「市民」がつくられていった。それに伴い、一九六〇年の部落解放同盟第一五回大会で採択された新綱領にもとづいて、歴史家の井上清が唱えた「沈め石」論はリアリティを失った。それは、独占資本が部落差別を温存・利用して、労働者階級にとっての「沈め石」の役割を果たさせているとするものであった。先に述べた「国民融合論」の提唱も、こうした状況の中で考える必要があろう。

作家中上健次もそのような背景のもとで登場してきた。中上は、一九四六年、和歌山県新宮市の被差別部落に生まれ、一九七六年に、小説「岬」で芥川賞を受賞し一躍脚光を浴びていく。自らを生んだその場所を「路地」と称し、一貫して「路地」の世界を描きつづけた作家であったが、一九九二年八月、四六歳で早世した。

中上が、自らが被差別部落の出身であることを明らかにしたのは一九八一年のことで（インタビュー記事「ふるさと私考」『朝日新聞』和歌山版、一月六日）、そこで、「僕が新宮の被差別部落の出身で、そこに生まれた限り、町とは何か、新宮とは何か、紀州とは何かを突きつめて考えなければ仕方がない。そうしないと差別をはね返す力がつかないような…」と語っている。

大江健三郎の影響を受けて「戦後民主主義」から出発しながら、六〇年安保改定反対闘争で命を奪われた樺美智子の追悼集会を経て、それを「超える論法」を求めていった中上は、議会主義路線、そして「国民融合論」を打ち出した日本共産党に対する批判と絡めながら、「「市民」がクセモノ」だという。中上は、日本共産党はマルクス主義を標榜し「西洋の合理主義で日本を斬ろうとする」が、「合理主義では斬れないところで差別が出てくるんです」といい、しかも、「部落の場合もっとも厄介なのは、部落そのものを忌みのものとして、見たくない、隠そうと考える傾向があること」だと述べている。

彼は「市民」という「その忌みもの」を、「「市民」の論理に迎合するのではなく、「市民」の論理を切開しながら」「その日本的な差別の構造を断ち割るような形として」明らかにすることを求めていたのである。しかし現実には、「差別を考えると爆弾しかない」「要するに絶望なんですよ」と言わざるをえず、そうであるがゆえに「文学」に発言の場を求めていったのだといえよう（座談「市民にひそむ差別心理」『朝日ジャーナル』一九七七年三月一八日・同三月二五日号）。

一九七七年から八一年まで中上が幼年期を過ごした新宮の被差別部落でも、同和対策の一環で「地区改良」事業が行われた。中上はそれと相前後して「紀州、紀伊半島をめぐる旅」を決行しており、それは「道すじに点在する被差別部落をめぐる旅」でもあり、それを「ル

ポルタージュ 紀州／木の国・根の国物語」と題して『朝日ジャーナル』に連載した(一九七七年七月一日—七八年一月二〇日、『紀州——木の国・根の国物語』と改題し一九七八年朝日新聞社より刊行)。その中で彼は、「世に差別語なる物がある事を言われているが、差別語を口にするのが差別ではなく、口にする、或いは口にしない時の、構造であろう」(「皆ノ川」『紀州』)と述べている。同和対策事業によってあたかも「差異」が打ち消され、同時に差別もないかのごとくにみなされてしまいかねない状況がつくり出されているからこそ、中上は、果たして「差異のない」ことが差別のないことにつながるのかを徹底して問うたのだろう。それは、「路地」が消えて「市民社会」に呑み込まれていくことが果たして差別を解消するのかという問いであった。同時に、「賤」であり「被差別」の側に自明のごとくに位置づけられた「路地」が消失しつつある中で、「聖」と「賤」、「差別」と「被差別」の腑分けがいかようにありうるのかという根源からの問い直しを求めていたのだといえよう。

〝問い〟の噴出

同和対策事業にかかわる不正などの問題も指摘されるようになった。部落解放運動に限らず、政府に施策を要求しそれを引き出せば、それは体制の側に少なからず包摂されることにつながる。部落解放運動の場合は、対策事業の実施が一九五〇年代以後の運動の要求の太い柱であったため、なおさらそうした壁にぶつからざるをえなかった。そのような状況の中で、戦後の運動の足跡を改めてふり返り再点検することによって、突破口を見出そうとする動きが生じてきた。

その営みの一つが、当時、京都部落史研究所所長であった師岡佑行の、戦後の部落問題をめぐる論争を丹念に追った労作『戦後部落解放論争史』全五巻（柘植書房、一九八〇―八五年）であった。師岡は、運動の中に確固としてある、「部落差別とは観念ではなくて、部落の劣悪な生活実態そのものであるという理論的主張」を問題にした。すでに被差別部落の置かれた環境が大きな変貌を遂げた段階でその理論にこだわりつづけることは、かえってその変化がそのまま部落差別の解消とみなされる結果を生んでいく危険性があること、さらには、生活実態改善への固執はむしろ運動を停滞させ、腐敗を生む要因にもなることを懸念したからであった。

部落差別は劣悪な生活実態そのものであるという経済決定論的な捉え方から解き放たれるために、師岡は、従来のように歴史学にばかり依拠するのではなく、社会学・文化人類学・民俗学などの方法をとり入れることを提案した。マルクス主義の影響を強く受けていた歴史学では、経済構造を変えることで意識も変わるという考え方が強くあり、もっぱら経済構造に意が払われていたのである。加えて、同和対策事業実施以前は、その理論が十分説得力を持ちうる、劣悪な被差別部落の実態があった。師岡にあっては、差別意識や文化の問題を俎上に載せるためには、いったん歴史学を相対化することが主張されなければならなかった。

実はそうした新しい提起につながる兆しはすでに、野間宏・安岡章太郎編『差別 その根源を問う』（上下）（朝日新聞社、一九七八年）や、井上ひさし他『シンポジウム 差別の精神史序説』（三省堂、一九七七年）等に見られ、そこでは既成の枠組みにとらわれることなく、文化・心理等実に多方面からのアプローチによる自由な議論が展開されつつあった。また、解放新聞社編『部落解放理論の創造に向けて』（解放出版社、一九八一年）においても、すでに沖浦和光は、「部落差別は物的土台の問題であるにとどまらず、民衆のなかに広汎に差別する観念があるからこそ、現実に差別となるのだ」との提起を行っていた。しかし、それらが運動のあり方の問い直しというところにまで影響を与えるには、しばし時間を要した。

地対協「意見具申」

そのような同和対策事業進展後の問題が集中的に明るみに出るのは、一九八〇年代になってからのことであった。一〇年の時限立法であった同和対策事業特別措置法は、三年の延長を経て一九八二年まで存続し、さらにそののち、五年の時限立法としての地域改善対策特別措置法に引き継がれる。こうしてともかくも存続してきた特別措置法の期限切れを前に、そのことの是非が正面から問われることとなったのが、一九八六年八月にまとめられた「地域改善対策協議会基本問題検討部会報告書」であり、同年一二月の地域改善対策協議会（以下、地対協）「意見具申」であった。

「意見具申」の冒頭におかれた「一　地域改善対策の現状に関する基本的認識」は、「同和地区の劣悪で低位な実態」は大きく改善が進み、また「人権尊重の風潮の高まり」などによって「心理的差別」の解消も進んできたが、「行政機関の姿勢や民間運動団体の行動形態等に起因する新しい諸問題」が生起し、それが「同和問題に対する根強い批判を生み、同和問題の解決を困難にし、複雑にして」おり、問題の解決を阻んでいると述べる。「意見具申」があげる「新しい問題」とは、①民間運動団体に追随している行政の主体性の欠如、②施策の実施が、「同和関係者」の自立、向上をはばんでいること、③民間運動団体の「行き過ぎた言動」が「同和問題はこわい問題であり、避けた方が良い」という意識を生み、さらにそれを利用してえせ同和行為が横行していること、④民間運動団体の「行き過ぎた言動」が、同和問題についての自由な意見交換を阻害していること、の四点であった。

　これに対して、全国部落解放運動連合会の意向を代弁ないしは代表してのものと思われる、社会学者杉之原寿一がまとめた冊子『〈学習資料〉地対協「基本問題検討部会報告書」《付》その意義と評価』（兵庫部落問題研究所、一九八六年）がある。それは、地対協の見解は「われわれの見地とも基本的に一致しており」、一九八五年九月に発表した「地対法後の同和行政のあり方についての全解連の見解」の主旨を反映したものとなっていると評価し、「国民融合論」が部落内外の多くの国民の支持を得ていることの証左であると記す。すなわち、今後めざすべきは「国民融合」であり、おおむね差別は解消したという地対協の見解と一致するという評価となっている。

　部落史研究者の手島一雄が、「国民融合論は、いかに日本において近代的な個人や市民社会をつくっていくか、という問題として提起された」と述べているように（「座談／近現代部落史研究の論点と課題1――手島報告「国民融合論」の成立と近現代部落史研究をめぐって」『部落解放研究』第一九四号、二〇一二年三月）、「国民融合論」が部落差別の近未来の解消を強調するものであることに対応して、そこで想定される「近代的な個人」や「市民社会」も、丸山眞男が追究してきた永久革命としてのそれではなく、近未来につくり終えることのできるものであったといえよう。

「部会報告」「意見具申」と、それらに対して部落解放同盟が投じた批判との間には、「差別の実態」の評価をめぐる違いが一つの主軸となって存在していたが、そのことは今日もはや、部落解放をめぐる論点を引き出す上にさして重要ではないだろう。むしろ当時から重要な争点をなしていたのは、「部会報告」「意見具申」が指摘した糾弾のあり方、えせ同和団体・行為などの問題であった。それらはむろん当を得た指摘をも含んではいたが、問題は、〝差別をする側〟が一方的に、運動団体の側に〝市民規範〟を身につけたふるまいを求めたことにあったといえよう。その後も、同和対策事業に関わる不正が問題とされる際のマスコミ等の取り上げ方は、その背後にある差別の説明を抜きに不正事件のみが取り沙汰され、しかも〝不正な〟要求を事なかれ主義によって受け入れてきた行政の責任が前景化されることはほとんどなかった。そこにも、被差別部落があたかも不正と犯罪の温床であるかのような認識を生みだしていった要因がある。

3　「部落民」であること

アイデンティティ論の登場

当事者にそうした批判や要求が突きつけられる中で、解放とは何かをめぐって、「部落民」という自己認識の消去を前提に差別・格差解消をめざすという方向と、それを保持しつつ解放を実現するという方向との対立が改めて顕在化した。その際に、発達心理学者のエリク・エリクソンの研究や社会学で用いるアイデンティティという概念が導入され、「部落民」というアンデンティティが俎上に載せられていった。

それはかつて私も「異化」と「同化」という視角で論じたように（『異化と同化の間――被差別部落認識の軌跡』青木書店、一九九四年／『被差別部落認識の歴史――異化と同化の間』岩波現代文庫、二〇二二年）、水平社の時代以来の「身分か階級か」という対立の変型であるともいえようが、すでに階級という視点に立ちながら革命をどう見通すかという観点が議論から抜け落ちた中にあっては、「部落民」という〝アイデンティティ〟の問題がそのまま前面に押し出されることとなった。アイデンティティを保持しながら解放を実現するという路線は多分に永久革命的な性質を帯びており、「国民融合」路線がともするとマジョリティがマイノリティの〝問題〟を言挙げしてマジョリティへの包摂を促すことになりかねないのに対して、それに抗するという意味をもっていた。

さらにこの「部落民」とはという問いは、次に述べる議論を経て前面に押し出されることとなる。

「両側から超える」

中国史研究者の藤田敬一もまた、「意見具申」が引き金となり、『同和はこわい考――地対協を批判する』（あうん双書、一九八七年）という、まさに現代の差別意識を象徴的に示す表現をそのままタイトルにした本を世に問うて、問題を投げかけたひとりであった。

政府の側から運動に攻勢がかけられてきたことに危機感を強くした藤田は、部落解放運動を解体に導かないためには運動に自浄が必要であるとして、あえて歯に衣着せぬ苦言を呈するという試みに出た。藤田の主張の柱は、差別・被差別関係の止揚に向けた「共同の営み」としての運動を創出することにあり、それは彼自身が、学生時代から京都を拠点に部落解放運動に参加してきた経験に根ざしていた。「同和はこわい」という意識をなくすためには、差別・被差別の「両側」が、その「立場」や「資格」へのこだわりを超える努力をしなければならないというのである。

ところがこの勇気ある提起にもかかわらず、日頃から差別意識をもち解放運動に反発を感じている人びとが、藤田の意に反して、運動批判の部分だけをとり出して共感するという誤った受けとめられ方もあった。また部落解放同盟は、地対協の論理と藤田の批判は重なり、藤田の主張は「「部落責任論」に片足をつっこんでいる」ともいい、『解放新聞』(第一三三五号、一九八七年一二月二一日)には部落解放同盟中央本部としての批判が掲載された。

「部落民」とは何か

藤田はその後もねばり強く、雑誌『こぺる』や『「同和はこわい考」通信』などをとおして自由な議論を喚起しつづけ、その問いかけは、やがて「「部落民」とは何か」という議論に発展していく。そもそもの議論の中核に「部落民」という「資格」への問いが発せられていたため、そこに至るのは必然であった。また一方で、その背景には、いっそうの部落外との結婚の増大や人の移動などによって、部落と部落外の〝境界〟が揺らいでいるという実態があり、その上で何をもって「部落民」とするのかが改めて問われることとなったのであった。

藤田自らが編集した『「部落民」とは何か』(阿吽社、一九九八年)は、そうした状況のもとで噴出しはじめた議論を集約するものであった。そこでは、そのような問いを発することで、「部落民としての意識」自体を改めて対象化し、それによって、かねてからの藤田の主張である「両側から超える」ことがめざされているのであり、同時に、これまで部落解放運動の中で、「部落民宣言」と称してしばしば疑義を挟む余地なく行われてきたことなどをはじめとして、〝カミングアウト〟することの意味が改めて問い直されることともなった。

それとほぼ同時期に、雑誌『現代思想』(一九九九年二月)が「部落民とは誰か」という特集を組んだことも、このような問いがたんに藤田個人の営みにとどまってはいないことを実感させた。それは、「部落民」という境界が見えにくくなったことにも起因して、解放運動の担い手が育たない、部落民という共同性、被差別部落という共同体が解体するのでは、という〝部落民アイデンティティ〟の危機の中で生じてきた問いであったといえよう。

マイノリティとの連帯

一方、一九八〇年代頃から、反差別国際連帯も、部落解放運動が主体となって進められてきた。一九八八年には部落解放同盟の呼びかけによりＩＭＡＤＲ（The International Movement Against All Forms of Discrimination and Racism）が設立され、一九九三年にはそれが国際人権ＮＧＯとして認められた。

連帯する対象も、在日朝鮮・韓国人、アイヌ、沖縄、障害者、ハンセン病回復者、性同一性障害者、同性愛者、など、広範に視野が及んでいった。そのような視野の広がりは、一九八五年、部落問題を軸にすえて誕生した大阪人権博物館（一九九五年までは大阪人権歴史資料館）の、二〇〇六年一二月にリニューアルした展示のありようにも示されていた。「差別を受けている人の主張と活動」というコーナーに設けられているのは、在日コリアン、ウチナーンチュ、アイヌ民族、女性、性的少数者、障害者、ＨＩＶ感染者・ＡＩＤＳ患者、ハンセン病回復者、ホームレス、被差別部落、公害被害者、水俣病患者、であり、むしろ被差別部落の比重の小ささに疑問を感じるほどでさえあった。

このような「他者」との連帯は、〝外〟からの批判によって促されたという側面もあった。金静美『水平運動史研究――民族差別批判』（現代企画室、一九九四年）は、全国水平社の指導者たちが侵略戦争に荷担したことの指摘にはじまり、「日本国民」という概念に自足していることが日本社会の抱えている部落差別以外の差別に対する視野の欠落であり、自らを「絶対的な被差別者」と見なしていることの証左である、という批判を投じた。

運動の広がりは、歴史研究にも反映されていった。一九九〇年、歴史家のひろたまさきは、『差別の諸相』〈日本近代思想大系第二二巻〉(岩波書店、一九九〇年)を著し、これまでの「差別」の歴史が、被差別部落民、女性、アイヌ等々、それぞれの「個別史」としてなされ、「差別」の全体史」の研究へと展開してこなかった問題点を指摘した。そうして、アイヌ、被差別部落民、娼婦、病者と障害者、貧民、坑夫、囚人、についての史料を編み、「近代日本の差別構造」と題する詳細な解説をつけて、それらの差別の連鎖を視野にいれながら、「その全体的な構造と矛盾」を究明することをめざした。それはひろたの、差別を近代社会のしくみとのかかわりで捉えようという問題意識と結びついており、一九七〇年代に、民衆史研究の盛行とともに被差別部落民と在日朝鮮人との共同闘争の営みなどの掘り起こしがなされてきた段階から、大きく一歩踏み出すこととなった。連帯は、その足跡を明らかにするだけでは心情レベルにとどまってしまいかねず、連帯を必要とする差別を生みだしている構造に目を向けてこそ、その意義が明らかとなろう。

「政治起源説」の後退と被差別部落の「ゆたかさ」

部落解放運動が再点検をせまられてきたと同様、部落史もまた一九九〇年代頃から、その「見直し」が繰り返しいわれてきた。「見直し」の論点は、そのときどきによって異なっていたが、その中で次の二点がきわだっていた。

第一に、「政治起源説」の克服ないしは再検討である。「政治起源説」とは、被差別部落は江戸時代に権力者が民衆支配の道具として意図的につくりだしたものとする考え方であり、広く教育現場でも受け入れられてきたものであった。それは、差別は権力がつくりだしたものであり、生活実態（土台）を改めれば観念もおのずと変化するという、当時の運動の中にあった考え方とも連動しており、とりわけ国家の責任を問うて行政闘争を展開し、同対審答申を引き出すためにも重要であった。しかし、もはや同和対策事業という国策が実施されるに至り、その結果住環境整備が進んだことによって存在意義が薄れ、またマルクス主義の退潮とも相俟って徐々に後景に退いていった。同時に、それでもなお執拗に存続しつづける民衆の差別意識を前に、歴史にさかのぼって民衆の差別意識を問うことの必要性が認識されるに至ったといえよう。

具体的には、中世の賤民に向けられた差別意識やケガレ観などが取り上げられ、議論は、とりわけ教育現場などでは、近世政治起源説か中世起源説かという、二者択一的なやや硬直化した議論として受けとめられたきらいを免れないが、賤民身分は、江戸時代に突然つくりだされたものではなく、それ以前からの社会的差別を一方で引き継ぎながら、権力者がそれを制度的に整えていったのであり、その両側面に光があてられるようになったことの意味は大きいといえよう。

第二に、中世史家の網野善彦の著した『無縁・公界・楽』（平凡社、一九七八年）に触発されながら、被差別部落を一種のアジール（世俗の権力や権利義務関係などが及ばない聖域）とみなし、被差別部落という共同体のもつ「ゆたかさ」を前面に押し出そうとする試みがなされてきた。従来の部落史は、被差別部落がいかに権力によって差別され、抑圧されてきたかということを明らかにすることに力点をおいてきたため、被差別部落の「悲惨さ」や「みじめさ」ばかりが強調される傾向があり、それに対して、実際に教育現場で子どもたちに向き合って部落史を語る教師たちから異議申し立てがなされた。

被差別部落の「ゆたかさ」を伝えることは、被差別部落の子どもたちも自らの存在や自分の住む地域に誇りをもつことができ、かつ、部落外の子どもたちに対しても、被差別部落の良さを伝えることで偏見をとり去ることができると考えられて、同和教育や解放運動において、この捉え方は大きな影響力をもつに至る。それは、被差別部落の文化への関心と結びついており、前述の部落民アイデンティティの模索とも連動している。しかしながら、被差別部落の「ゆたかさ」を伝えるということがひとり歩きし、一方で、被差別部落がいかに差別されてきたかを語ることがあたかも部落解放に反することであるように受けとめられ、それをことさら避ける態度も生じてきた。

「誇り」と「身の素性」

たしかに〝誇り〟は、当事者の自己肯定感を育み、差別の原因ともなりかねない負のイメージに対抗し、差別への異議申し立てに駆り立てる役割をも果たしてきた。水平社宣言の「吾々がエタである事を誇り得る時が来たのだ」という一文は、まさにその最たるものである。

しかしながら、教育・啓発の発信者が、しばしば安易にステレオタイプの「誇りの語り」に寄りかかるのは、差別の歴史や実態に踏み込むよりもはるかに〝安全地帯〟に自らの身を置くことができるからではなかろうか。そのようにして生みだされる「誇りの語り」は、なぜ部落差別が存在するのか、なぜ同和対策事業が必要だったのかという理解には及ばない。「誇りの語り」のみでは、丑松を呻吟させ、被差別部落の人びとを今日に至るまで長らく苦しめてきた「身の素性」を克服することはできまい。「誇りの語り」一辺倒に流されることなく、いかに等身大の被差別部落像を伝えていくことができるかは、問われつづける課題である。

「誇り」の綻び

一九八六年と一九八八年に相次いで製作されたドキュメンタリー映画『人間の街——大阪・被差別部落』と『家族——部落差別を生きる』はそのような時代状況を表す作品といえよう。両者とも監督小池征人、製作山上徹二郎のコンビで、両作品は対をなして当該時期の部落問題を表象する作品となっている。

『人間の街』は同対審答申二〇年記念映画製作委員会企画となっており、同和対策事業が進展し住環境改善が進む中での被差別部落のありようの変化を如実に映し出し、一面で事業によって立て替えられた高層住宅のもとで、かつての部落がもっていた共同体的なあたたかさが失われてしまったとの語りも登場する。しかし、全体を貫くのは、屠場の仕事の誇りや、部落解放運動の力で障害者の施設を被差別部落の中につくったことなど、まさに先に述べたような被差別部落の積極面を打ち出す姿勢であった。確かに、高度経済成長、同和対策事業の実施を挟んで、前章で触れた、もっぱら白黒画面で被差別部落の貧困が前面に押し出されていた『人間みな兄弟』とは、まったく様相を異にする映像である。

部落差別の過酷さ、残酷さを共通理解としながらも、部落の誇りが次々に打ち出されてくるこの作品の中で、部落の誇りの一環として登場したはずの屠場で働く男性が、自宅と思しき場所で、酒を口にしてくつろぎながら語る場面は、実は突き詰めれば、作品をつうじて放ってきたメッセージへの根源的な問い返しにもつながるのではないかと思われるほどの重みをもっている。その男性はいう。「おれ、更池に生まれて暗い話しかないわ」「更池に生まれて、ええいうのは美味しい肉食べられるだけや」「あと何にもあらへんわ」。この発言だけでも十分に衝撃的である。「人間の弱さ言うのはな、逃れたい訳や」。結婚をして子供をつくって、更池に生まれたことで「ああ、この子も差別されるんやな、という実感かな」。

そんな発言の中から彼は、「誇りというのはな、ちがうと思うねん」と切り出し、言葉を重ねながら、「誇り」とは何かという問いに突き進んでいく。「なんぼ金持ったかて、部落の人間は部落の人間やな。そこはものすごい弱さやな」と彼がいうのに対して、聞き手が、小声で明確には聞き取れないのだがおそらくそれこそが強さでもあると切り返したのだろう。しかしその男性は、「部落に生まれたことを誇る」という、まさにこの映画の基調でもある、そして当該時期の運動の柱となっているその〝優等生〟の語りに、安直に呑み込まれることを拒否する。「部落の人間て胸張って言えていうけど」「実際みじめやで」。彼は、自分の娘が大きくなって結婚する際に、自分は部落の人間であると自ら言わなければならない、そのことに思いを至らせながら、解放運動や共同体のもつ〝あたたかさ〟などを重々認めつつも、「部落の人間」というどうやっても逃れることのできないものと真正面から向き合うのである。まさに『破戒』の中の言葉を借りるならば、「身の素性」ゆえに厳しい差別が現存する中で、それをそれほどに簡単に「誇り」に転化しうるのかと問い続けているのである。

もう一方の『家族』も、被差別部落をとりまく劇的な変化の中でもなお根強く存在する結婚差別の深刻さを世に問うた作品となっている。映し出される、恋愛に破れて自死した青年が子供時代の友達と並んで撮ったあどけない写真は観る者の心に突き刺さる。部落問題のありようは確実に変化したが、その中でなお執拗に存在する結婚差別の問題を直視しなければならないという、まさにこの二つの映画は、セットで〝いま〟の部落問題を語っているといえよう。

「新しい部落民」

等身大の〝いま〟の被差別部落民像を伝えていこうとする思いは、とりわけ被差別部落出身の若い世代の人たちの間に強くわき起こっており、それを示すキーワードが「新しい部落民」であった。

兵庫県加古川市の被差別部落に生まれ育った一九六三年生まれの角岡伸彦は、新聞記者などの経験を経て、現在もノンフィクションライターとして活躍する中で『被差別部落の青春』（講談社、一九九九年）を世に問うた。表題にも「青春」とつけられ、本のカバーも、明るいブルーの地に、「部落民」と思われる人物が、漫画によってユーモラスに描かれており、部落問題をあつかったこれまでの本にはなかった体裁である。角岡はその中で、「『被差別』や「共同体」にとらわれず、その立場を自分なりに〝再利用〟しようとする新しい部落民」の誕生に期待を託す。

その後、解放出版社編『INTERVIEW《インタビュー》「部落出身」12人の今、そしてここから』（解放出版社、二〇〇三年）をはじめ、「新しい部落民」の発信へとつながっていった。それらは、「19歳までは、「部落じゃないわ、アタシ」って思ってた」、「俺はいつも好きなようにやりよるわい」、「どのようなかたちにもなれる、そういう自分でありたい」といった見出しが並び、既成の運動や「部落民」というしがらみにとらわれない、それぞれの自由な生き方の選択を彷彿とさせるものとなっている。しかしそれらには、そうしたイメージやうたい文句から予想した以上に、部落差別の現実がつきまとっていることを感じさせるものとなっている。それらに登場する語り手たちは、いずれも部落解放運動の担い手ないしはその周辺に位置して部落問題に向き合っている人たちであることにもよっていようが、いまなお被差別部落出身かそうでないかは「顔みたらわかるわ」という発言がなされていたり、「糾弾」を受けた経験もない人がつくり出す「怖い」というイメージが強固にあること、そして自分の子どもが部落出身者と結婚するなど「想像もできなかった」というような現実が存在していることを、改めて認識せざるをえない。このような〝新しい〟世代の発信は、さらに「「わたし」から始まる「部落」の情報発信サイト　BURAKU HERITAGE」(https://www.burakuheritage.com/) などへとつながり、それは「部落にルーツを持つ人もいれば、そうでない人」もメンバーとしながら、部落に関して「「わたし」として思っていること」を「積極的に発信して」いく場となった。

4　「人権」のなかの部落問題

特別措置法の廃止――「人権」のなかへ

一九八二年三月三一日、時限立法であった同和対策事業特別措置法が期限切れを迎えることから、「地域改善対策特別措置法」と改めて五年の時限立法とされた。それは八七年に制定された「地域改善対策特定事業に係る国の財政上の特別措置に関する法律」（地対財特法）に引き継がれたが、二〇〇二年三月三一日をもって、一九六九年以来施行されてきた特別措置は終焉を迎えることとなった。

それにともない、そしてまたこれまでに見てきたような部落問題をとりまく社会意識の変化の中で、行政側の部落問題の位置づけも大きく変化していった。顧みれば、すでに前述の「意見具申」の段階で、総務庁長官官房地域改善対策室主催のパネルディスカッションにおいて、磯村英一が「私は同和問題をできるだけ焦点をはっきりさせながら、そしてこれを人権という大きな視点の中に拡散していって、この問題を解決するのが基本的な方向ではないかと思うんです」と述べているように、部落問題の「人権」への「拡散」は、この頃から政府の意図するところであった（『「昭和六〇年度・同和問題に関する啓発活動研修会」講演集　同和問題の解決を目指して』総務庁長官官房地域改善対策室編、一九八六年）。

名称一つをとっても、「同和対策」が「人権対策」、「同和教育」が「人権教育」に軒並みとって代わられていった。今日わずかに、「人権・同和」というように、「人権」を冠して「同和」を残すところがあるのみである。行政のみならず、一九六八年に大阪部落解放研究所として立ち上げられた部落解放研究所（一九七四年より名称変更）も二〇周年を機に一九九八年に部落解放・人権研究所と改め、部落問題研究所の機関誌である月刊『部落』は二〇〇二年四月に『人権と部落問題』と改題した。全国同和教育研究協議会も、二〇〇九年、「「人権という普遍的な文化の形成」が強く求められる時代」に、「部落問題をはじめとするあらゆる人権問題の解決をめざす、より広範な人々や組織が協働していく営みは必然である」として、新たに全国人権教育研究協議会の設立を宣言した（http://www.zendokyo.com/setsuritsu.pdf）。

「人権」という看板への移行は、部落問題が他の人権問題との関わりの中で考えるという〝開かれた〟視野を持とうとするに至ったことを意味しており、そのこと自体は重要なことである。しかし、同時にそれが部落問題の〝人権一般〟への解消として、かねてから部落問題を避けて通りたいと思ってきた人びとが部落問題と向き合うことを回避する正当化のための方便になるとしたら、そこには重大な問題が孕まれている。

歴史家の鹿野政直は、公害問題などの浮上とともに一九七〇年代から「人権」意識が広がりを見せるようになったことを評価しつつも、「この言葉は、ある種の免罪符あるいは隠蓑との性格を、一部には帯びはじめた。そうして、政治運動ひいては政治そのものへの倦怠が、人びとの意識の焦点を「人権」へと向わせている面もある。その意味では「人権」意識の浮上は、それだけ「体制」直視の姿勢を減衰させている面すらなしとしない」と警鐘を鳴らした（『鳥島は入っているか――歴史意識の現在と歴史学』岩波書店、一九八八年）。また藤田敬一は、その一節をひきつつ鹿野と対談する中で、「部落問題とその他の人権諸課題との関係について言えば、「人間の問題への普遍化」の動向は否定し」ないが、「大事なのは、それぞれの課題が「響き合い、重なり合う」ような感性の広がりと深まりにつながっていたのかどうか、「周縁・少数」とされてきた人びとの「苦しみ・悲しみ、憂さ・辛さ」への眼差しが豊かに育まれてきたのかどうかではないでしょうか」と述べている（「「人間と差別」をめぐる体験と思索から」『こぺる』第一八七号、二〇〇八年一〇月）。部落問題への向き合い方が問われはじめていた。

ネオ・レイシズムと差別解消推進法

特措法廃止後も、安倍晋三や麻生太郎ら保守政治家たちの慰安婦問題に対する発言や、ヘイトスピーチなど、「ネオ・レイシズム」といわれる状況はあとを絶たなかった。

二〇〇三年には、麻生が野中広務について、「野中のような部落出身者を日本の総理にはできないわなあ」と発言したことを野中自らが自民党総務会の場で追及した（野中によれば麻生発言は二〇〇一年三月一二日の大勇会）ことや、『週刊朝日』（二〇一二年一〇月二六日号）の当時大阪市長であった橋下徹の特集記事によって、「身の素性」による〈部落外〉にいる者のあぶり出しが行われたこと（「特集『週刊朝日』差別記事事件」『部落解放』第六七六号、二〇一三年四月）も、社会に潜在する被差別部落に対する差別意識の氷山の一角が露見したものといえよう。二〇〇九年の京都市、二〇一一年の奈良市をはじめ、各地でヘイトデモやヘイトスピーチが横行したことは記憶に新しい。

また、特措法が切れてまもなく、特措法による「同和対策事業が、被差別部落の状態を改善するのに役立ったのは事実だが、その反面、莫大な公金が投入される中でそれは同時に利権を生み、腐敗、不正の温床になった」とし、それを「同和利権」と称して、二〇〇二年から、寺園敦史、一ノ宮美成、グループ・K21編著『同和利権の真相』（宝島社）と称するシリーズが刊行された。被差別部落住民の利権や不正を暴くという意図は、二〇一五年に設立され、鳥取ループ（宮部龍彦）が代表を務める示現舎に引き継がれており、それが「部落探訪」と称してインターネット上に明るみに出される被差別部落の存在・地名をめぐり、二〇一六年より二四八人の個人と部落解放同盟が提訴した。

二〇一六年、障害者差別解消法、ヘイトスピーチ解消法とともに「人権三法」を構成するものとして、「部落差別の解消の推進に関する法律」（部落差別解消推進法）が制定された。それはあたかも〝人権の時代〟を印象づけるにふさわしいかのようだが、その背景には新たに顕在化してきたそれらの問題があった。

その後、アメリカの研究者J・マーク・ラムザイヤーの、日本軍「慰安婦」が受けた性暴力被害を認めない、ないしは過小評価する論文とともに、被差別部落について述べた“*On the Invention of Identity Politics: The Buraku Outcastes in Japan*”（Review of Law and Economics. Volume 16. Issue2, 2020）等が問題となった。そこでは、「部落民」というのは、その集団がみずからつくり出した架空のアイデンティティによるものであるとし、また歴史を描いた箇所についても、被差別のありように目を向けることなく犯罪や暴力の温床として被差別部落が語られ、米騒動では被差別部落民が略奪・強奪を働いたという、当時の政府が、米騒動の拡大を阻止するために差別を利用して民衆を分断しようとした宣伝がそのまま叙述されている。また、たとえば被差別部落児童の不登校の原因も部落責任論で説明されるなど、事実に反した部落差別を煽るものとなっている。

すでに、それへの批判は数多く出されているが（「オンライン講座／ラムザイヤー論文の問題点を批判する――部落史研究の立場から」『部落史研究』第七号、二〇二二年三月等を参照）、重要なことは、それがアメリカのひとりの突出した研究者の問題ではなく、前述の示現舎・鳥取ループとの重なりはもとより、ラムザイヤーのこのような認識を形づくるに至った、そしてそれを支える言説が日本社会に存在しているということである（片岡明幸「ラムザイヤーの理論と政治的背景」『部落解放』第八〇九号、二〇二一年八月）。

後述するように、部落問題を「知らない」と言っていた大学生たちが拾い上げてくる情報は、まさしくそこで述べられている内容と重なり合う。部落問題を「知らない」ことは、いとも容易に誤った部落問題認識の受け皿になってしまうのである。

置き去りにされる部落問題

部落問題をめぐる人びとの意識は、〝人権の時代〟のもとで変化を遂げているのだろうか。

二〇一七年、内閣府政府広報室がまとめた『「人権擁護に関する世論調査」の概要』によれば、「日本における人権課題について、あなたの関心があるものはどれですか」と複数回答を可として問うた結果、「障害者」の五一・一％を筆頭に「インターネットによる人権侵害」（四三・二％）、「高齢者」（三六・七％）と続き、「部落差別等の同和問題」は二〇項目中一三位で一四・〇％となっており、部落問題への関心は高いとはいえない。

当然にして関心が低いことが、けっして差別が軽減されていることを意味するものとはならない。法務省人権擁護局『部落差別の実態に係る調査結果報告書』（二〇二〇年六月）では、「旧同和地区出身を気にするかどうか（交際相手・結婚相手）」という問いに対しては、「気になる」が一五・八％、「気にならない」が五七・七％、「わからない」が二五・四％であった。各々の自治体の調査においても、自分の子どもの結婚に際して「本人の意志を尊重する」と回答する者の割合は、若干の地域差を伴ってはいるがおよそ半数前後であり、結婚に際して被差別部落出身者であることに半分の人がこだわっていないことが見てとれるが、「わからない」というのは少なくとも「気にならない」と言い切るには躊躇があることを示していると思われ、そうであるとすれば、被差別部落出身者は結婚に際して、約半分の確率で、必ずしも顕在化しない場合も含めて、部落差別の壁にぶつかるのである。前述の映画『人間の街』に登場した屠場で働く男性の、自分の娘を慮る語りが想起される。

全国大学同和教育研究協議会の二〇一一年春季シンポジウムにおいて、特措法廃止後の〝今〟を振り返るテーマが立てられ、その報告者の一人である住田一郎は、同様に大学生の意識の希薄化を指摘し、希薄化それ自体は「基本的には、このような状況になるまで、運動や行政・学校も含めた啓発活動が進められてきたからだと考えてい」るとしつつも、「彼ら自身が部落問題そのものと面と向かって、取り組んできたのか、正しい知識としても部落問題を知っているか、と問われれば、残念ながら非常に危うい。ほとんど正しく知らされていない」と述べた。大学生を対象とする授業で自らが被差別部落出身であることをカミングアウトすることからはじめると、「学生はみなキョトンとし」、その後出されるレポートでは「部落民という人に会ったのは、初めてです」「部落ってどこにあるか知らない」という反応が返ってくるといい、住田はその危うさを提起する(「法終了後、大阪の都市部落はどのように変容したのか」二〇一二年三月)。現に、啓発や教育の場においても、「人権」の名のもとに、目新しい問題に取って代わられて部落問題が取り上げられることが少なくなっている。その傾向は、東日本においてより顕著である。

人権意識のバロメーターとして

まぎれもなく今日の日本に部落問題が厳然と存在していることはすでに述べてきたことからも明らかなはずだが、にもかかわらずなぜ〝人権〟が高唱される時代にあって、部落問題を正面から見すえることが回避される傾向にあるのだろうか。

埼玉県人権教育研究協議会が行った「同和教育」に関する教員の意識調査では、「同和教育」を「やりにくくはない」と答えた者は二三・五％で、それ以外の人たちは何らかの要因で「やりにくさ」を感じている。その理由を尋ねると、「間違ったことを教えてしまわないか不安」五一・七％、「適切な教材がわからない」四一・八％とつづいており（埼玉県人権教育研究協議会『二〇一九年　同和教育に関する教員意識調査　教員の人権意識』）、その背後には、生半可な知識で語ることによって差別問題を引き起こすということへの怖れがあると考えられる。そうした際に前述の「誇りの語り」は、語り手にとって、差別の歴史や実態に踏み込むよりもはるかに安全地帯に自己の身を置くことができるものとして有効に機能するのである。

もう一つには、部落問題は地域や職場などの日常の生活の場に可視化されずに深く入り込んでおり、そうであるがゆえに、自分が部落問題と出会っているかもしれない、そしてともすればそこで自分が差別者になる、あるいはすでになっているかもしれないという警戒心が、おのずと部落問題と向き合うことを遠ざけているからではなかろうか。

顧みれば、高度経済成長以前は日本の大半は農村であった。被差別部落を語る際には、かねてから、〝問題〟が顕在化しやすい都市型が引き合いに出されることが多かったが、実は被差別部落もほとんどが農村部に位置してきた。同じ行政村にあって川や道一つ隔てて被差別部落と部落外が区切られ、生活状態も習慣も、少なくとも外観上両者はほとんど変わらないという地域が実は数多く存在している。そしてその地域の部落外住民たちは、実は何もちがわないのだということも十分すぎるほどにわかっているのであり、だからこそ、こと結婚となると、その村の中の被差別部落と部落外の境界を越えての通婚は一切ないという場合が少なからずある。すなわち差異が見えないからこそ、差別する側は、結婚にこだわって「生まれながら」とされる要因をつくり出し、境界を保持しようとするのである。

〝目に見える〟マイノリティの方が圧倒的に人権問題の中でも注目を集めるため、ともすればマジョリティはそれらを取り上げることで差別の問題にとり組んでいるという免罪符を手にしているかのごとくでさえある。それに対して、かつてアメリカで出版された部落問題の研究書が“Japan's Invisible Race”と称したように、部落問題は見えにくいが深く日常社会に入り込み、かつ理解が難しい。しかし、そんな今日の状況下にあって、部落問題から目をそむけることなく向き合えているかどうかは、むしろ人権意識のバロメーターともなりうるのではないか。

他の差別問題との非対称性

部落問題が存在しないとはいわないまでも、「解消に向かっている」がゆえに問題にする必要がないという考え方も、部落問題が置き去りにされる要因になっている。前述の「国民融合論」に立つならば、封建遺制である部落問題は、資本主義化・近代化の進展のもとで解消されていくことになる。しかし一方で近年の歴史学は日本的近代の特殊性によって説明する議論は後退し、差別問題も近代一般の中に位置づける近代批判のコンテキストの方が主流となっていて、封建遺制論はほぼ姿を消した。近代日本における女性の抑圧も、かつての日本固有の「家」制度による説明から「近代家族」論へとほぼとって代わられている。にもかかわらず、部落問題の現実の解放論のレベルでは、解消論が「寝た子を起こすな」という意識と相俟って一定の影響力をもっている。そして、歴史学研究者もそれに異を唱えない。

〝人権の時代〟である今日、かつてにくらべて問題が軽減されているのは、部落問題はもとより他の差別問題もおおむね同様であろう。たとえば女性のありようをとっても、一九八五年に男女雇用機会均等法が成立した、それ以前と以後とでは大きく変化した。しかし、いまなお問題は存在しているがゆえに新たに男女共同参画社会基本法（一九九九年）が制定され、政府によるとり組みも行われているのである。人権問題は、人権侵害の程度の相対的低減を理由に放置されてよいものではない。ところが、部落問題のみが解消傾向を理由に対策不要論が横行する。ここに他の問題との非対称性が存在している。

私が日々接する学生たちの「部落問題を知らない」「何も気にしていない」、だからことさら伝える必要はないという「寝た子を起こすな」につながるような意識も、ともするとそうした部落問題認識を下支えするものといえよう。しかしながら、すでに述べてきたように、自分に関わる結婚となると、半数がなんらかのこだわりをもつという現実はほぼ変わらずにあり続ける。近世社会には賎民身分が存在し、近代においては、「解放令」が発布されたにもかかわらず、今日に至るまで部落問題を存続させてきたという歴史的事実は消すことはできないのであり、中学・高校の歴史教科書には記述され、部落問題の存在を直視することからは免れえないのである。そうであるならば、他の問題と同様に、私たちは歴史に学び部落問題に向きあう努力をつづけてゆかねばならない。

部落問題の「無化」

部落問題は可視化されにくいがゆえに「無化」されてしまう傾向も顕著である。

中上健次は終生部落問題と向き合ってきたことを述べたが、一連の中上の作品に登場する「路地」を、いったいどれほどの読者が被差別部落と重ねて読んでいただろうか。また、中上の「告白」があって以後も、今日に至るまでいったいどれほどの人が、中上の作品から部落問題を見つめてきたであろうか。中上の作品があれほど多くの人に読まれ、文学作品として高く評価され、また、いくつかの作品が映画にもなっていても、中上が終生背負い、すべての作品の根幹にある、被差別部落に生まれ育つということの〝苦悩〟は、おおむね理解されることなく今日まで来てしまったのではないか。中上はそれでよかったのだろうか。中上の独特の文体に加えて、中上は「政治」を忌避し被差別部落をおおむね「部落問題」として語りたがらなかったことが、数多くの読者を獲得することに成功した反面、被差別部落という主題への理解から遠ざけたのではなかろうか。また、「被差別部落」ではなく「路地」と称されたことそれ自体が、作品への接近を容易にした一方で、被差別部落を見据えずに済むという弊をも孕んでいたのではなかろうか。

中上は、「市民社会」に彷徨する「物の怪」を剔抉《てっけつ》してやまず、このようにもいう。

例えば、或る日或る時、市民なり庶民なりの生活の存続がおびやかされ恐慌状態になる事が起きたとする。関東大震災のような天地異変でもよいし、食糧危機でも円高による経済の破綻でもよい。市民や庶民がそれを切り抜けるには敵がいる。関東で起こった大震災の時、井戸に毒を入れに来るとデマ宣伝で次々に殺されたのは朝鮮人であったが、この紀伊半島紀州で、もしそのようなことがそっくり起こるとしたら、市民や庶民は敵をどこに求めただろう。

彼は、「私の想像する被差別部落民虐殺と朝鮮人虐殺は、説明の手続きを無視して言えば、不可視と可視の違いである」として、「私の〝戦争〟はこの一枚の写真の中にもある」といい、「路地」の中に〝戦争〟〝虐殺〟が及びうる可能性を見、警句を発し続けたのである（「御坊」『紀州』）。

メディアなどの部落問題の取り上げ方にも「無化」の傾向が見てとれ、二〇二〇年、アメリカのミネアポリスでアフリカ系米国人が警察官に殺害されるという事件に端を発したBLM（Black Lives Matter）の運動が展開された際に、しばしばそれを引き金として日本の中の人種主義（レイシズム）が省みられたが、そこで部落問題に言及されることはほとんどなかった。ようやく、人権主義を論じた平野千果子『人種主義の歴史』（岩波新書、二〇二二年）や原由利子『日本にレイシズムがあることを知っていますか？』（合同出版、二〇二二年）などに部落問題が位置づけられているのをみてとることができるようになってきたといえよう。

二〇二二年は全国水平社創立一〇〇年にふさわしく、新聞なども、年始や三月三日の創立記念日前後には部落問題の記事が紙面を飾った。その一つの『朝日新聞』「（現場へ！）いま、部落差別は」と題する五回の連載記事（阿久沢悦子、二〇二二年一月三一日―二月四日）は、カミングアウトすること、インターネットにさらされること等をめぐって「現状とあらがう」三〇代から四〇代の人びとを追う。そこに登場する一部は、前述のBURAKU HERITAGEや「ABDARC《アブダーク》」（Anti-Buraku Discrimination Action Resource Center）〜対鳥取ループ裁判支援サイト〜に集まる人たちでもあり、近年、精神医学や心理学に発するマイクロアグレッションという概念を用いて、「日常生活に埋め込まれた無意識の偏見による攻撃」を問うていることも紹介されている。インターネットの普及にともなう新たな差別のありようにとり組み、自らの世代ならではの運動のあり方を追求しつづけている点で、登場人物が当事者に限定されているわけではないが、そのめざすところにおいて「新しい部落民」の延長線上に位置づけられよう。既存の運動のあり方とは異なる感性を活かして差別の根を断とうとする試みが続けられている。

差別の構造を映像で描く――『私のはなし　部落のはなし』

全国水平社創立一〇〇年の祭典からまもない二〇二二年五月二一日、ドキュメンタリー映画『私のはなし　部落のはなし』(監督　満若勇咲《みつわかゆうさく》、プロデューサー　大島新、配給　東風)が劇場公開された。私はこの映画の登場を、部落問題史における「事件」と称した(「座談会　見えない部落問題を映像で描く」『世界』二〇二二年九月)。それは二つの点においてである。

一つは、部落差別とは何か、なぜ差別が存在するのかという問題に正面から向き合い、その存在を社会構造の中で捉えようとしたことにある。本書でも言及したように、これまでにも部落問題のドキュメンタリー映画はいくつかつくられてきたが、それらにはなかった視点である。運動を描くことで安易に解放の展望を示すのではなく、差別がなにゆえに生じるのかを徹底的に追究しようとするがゆえに、差別する側の語りも登場する。それを近代社会のしくみの中で捉えるために、歴史をたどることも必要になる。それを映像という手法でやってのけたこれまでにない作品であった。

二つ目は、これまでになく多くのメディアが取り上げ、また今まで部落問題に〝関わることのなかった〟人たちもが劇場に足を運び、それぞれに心を揺さぶられたことであった。二〇二二年一〇月末時点で、観客数は約一万五〇〇〇人といい、その反響の大きさはこれまでにないものであったといえよう。本書でも述べ、そしてこの映画も訴えるように、部落差別を温存してきたのはほかでもないこの社会の構成員〝われわれ〟である。とすれば、部落問題に〝知らなかった〟あるいは理解が及んでいなかった人たちにも部落問題に対する関心の輪を広げたことは、差別からの解放に一歩近づけるという役割を十二分に果たしたのではなかろうか。部落問題は存在しないという認識への真っ向からの反論であり、たとえ一時ではあれ、部落問題の「無化」に風穴を開けたことの意義は大きく、それは波が引いたあとにも何らかの痕跡を残すにちがいない。

この作品は、部落問題を〝わが事〟として突きつけるがゆえに、あえて当事者主体の解放運動をほとんど取り上げていない。作品全体をとおして実は強いメッセージが放たれているのだが、それは「正しさ」を直接話法で示すわけではない。これまでも、部落問題を取り上げると厄介なことになるという風評が、部落問題を回避しあるいは「無化」する傾向を生む一因になってきたことは否めないが、この映画をめぐっても案の定というべきか、残念ながら誹謗中傷を含む批判もあった。その中から議論に値すべき問題をすくい上げるならば、文献の世界だけでは容易には顕在化しなかった差別のありようをあからさまに描きだすこと、すなわち当事者に差別の現実を直視させることになることの是非をめぐる問いが浮かび上がる。同時にそこにはかつて藤田敬一が批判の俎上に載せた「部落民」という「資格の絶対化」の問題も含まれていたと思われる。

普遍的人権として

中国文学者の竹内好は、実はあまり知られていないが、一時期、部落解放運動に向き合った知識人のひとりであった。竹内は、「私がなぜ部落問題に関心をもつかといえば、日本の社会の問題、日本の文化の問題、ひいては文明観そのものを考える上に、部落問題は絶対にはずしてはならぬ視点だと思うからである」(「雑誌『部落』百五十号を祝って」『部落』一九六二年七月)といい、「部落問題が特殊な問題ではなく、一般的問題の尖鋭なあらわれであり、日本の問題を考える上にどうしても抜かしてはならぬカナメの部分」と称した(「沖縄から部落まで」『部落』一九五九年一月)。

また竹内は、「日本社会の性質、日本の思想の特徴」をつかむ際の「その急所」が部落と沖縄であることを強調し、次のようにいう。

われわれは実際、いろいろの差別の中におります。〔中略〕基本的人権は国民の規模においてまだ実現しておりません。なかんずく、部落の差別はその最たるものでありますが、これは、未解放部落の人々が差別を受けるというだけでなしに、差別を与えている人間は、差別しているということで彼ら自身が差別の中にいるのであります。しかも、悪いことに、自分が差別しているという自覚がない、あるいは、差別という事実の存在していることを知らない、これがじつは最大の差別であり、人権の欠如であります(「基本的人権と近代思想」『文化と部落問題』一九六〇年一二月)。

非当事者が差別はないといい切ってしまうことの暴力性を指摘したのは、今から六〇年以上も前のことであった。

また竹内は、一九六九年五月の部落解放研究全国集会第三回岡山大会における「人間の解放と部落解放運動」と題する記念講演の中で、このようにも述べている。

部落解放同盟はこういう〔学術雑誌で起こった差別問題をさす〕差別、ことばによる差別も含めてあらゆる差別事件に対して抗議をいたします。〔中略〕同盟はその運動方針にしたがって重点的に糾弾をやっているのだと思います。しかし私たちの立場から見ますと、それによって知らない事実を知らされる、つまり啓蒙されるわけでありまして、同盟の糾弾闘争にはいわば啓蒙運動としての側面があると申せましょう。それはたいへんけっこうなことだと私は思う。部落解放同盟は人間解放のための闘争の組織である。その組織が、本来の任務のほかにわれわれの無知を啓蒙するという、いわば副業までを背負い込まなければならないのは同盟にも気の毒だし、われわれとしても恥ずかしいことである。差別からの解放を理念的には考えていながら、現実におこる差別を見すごしてしまう自分のよわさ、いや差別に反対し、解放を口にしながら差別をおかす人は、その間違い、よわさをどうやって克服し、真に解放の側に立つ人間になりうるのか、そのためにどうしたらよいのかという、私自身の反省であります。知らぬことで差別者に転落していく、それをどうやってふせぐのかです。

竹内の格闘は、部落問題が人間解放のための普遍的課題であることをあますところなく伝えている。そしてその普遍性とは、人権一般に流し込んでしまう上からのお説教とは異なり、「人権はやはり、自力でたたかい取るべきものであろう。そのたたかい取る過程で、人権感覚もおのずから身につくのだろう」（「人権感覚ということ」『文庫』一九五七年四月）と述べ、魯迅のいう「道をつくる」こと、すなわち部落問題についていえば差別を自覚し、それを自ら改めていく態度の大切さを強調したのであった。そしてまさしく水平社は、身をもって人権は「自力でたたかい取るべきもの」であることを示してきたのである。

おわりに

「はじめに」で述べ、また本論でも随所で言及してきたように、「解放令」以後の近代社会における部落問題を存続させてきた重要な要因に、人種主義と言い表してきた「生まれながら」の線引きがある。それは生物学的人種のちがいを見出すものから文化的差異によって説明するものまでさまざまあり、またその二者択一ではなく、力点の置き方のちがいを伴いヴァリエーションをもちながら、今日に至るまで部落差別の底流を支えてきたといえよう。

本書でも取り上げた島崎藤村『破戒』は、明治後期の部落問題のありようを映し出したものであるが、私は繰り返し読むたびに、そこから今日の部落問題に通底するものを感じとってきた。まさにそれこそが、藤村が「身の素性」という言葉で表現した、曖昧ではあるが執拗に部落差別につきまとっているものなのだと思う。

私はそれをたんに日本的特殊性に封じ込めてしまうのではなく、近代社会のなかの他のマイノリティに対する差別とも対比しながら、それらと同列に考察することで、部落問題研究に新しい地平を開きたいと考えてきた。近年、人種主義というタームを用いながら論じてきたのも、そうした問題意識に拠っている。

しかしながら一方で、近代部落史の全体史、いわゆる通史を自分なりに描き切ってみたいという思いも強くあった。新書という幅広い読者層を想定したものだけに、初めて部落問題の書物を手にするという読者を考え、人種主義という視点に特化して論じることは別稿に譲り、本書では、そうした問題意識を根柢にもちながら近代社会を見据え、その中で部落問題がどのような位置づけを与えられてきたのかを描き出すことを心がけたつもりである。

紙幅の制約もあり、他のマイノリティへの言及は意識的に必要最小限にとどめ、部落問題に徹して叙述を行った。敢えて部落問題に徹することで、どれだけ近代社会を照射できるか、試みてみたいとの思いがあった。近年、部落問題をもポストコロニアルの視点から描く研究も行われているが、すぐれて〝近代〟の問題である面を素通りしてしまっては、部落問題を捉えきれないのではないかとの疑問も持っている。果たして部落問題をとおして日本の近代のありようを映し出すことができたか否かは、読者の判断を待つのみである。

本論でも述べてきたことではあるが、近年、部落問題を人権一般に流し込む空気と相まって、部落問題はもはや過去の問題であり、取りあげる必要はないとする議論が目立つ。また、手垢にまみれた感のある表現ではあるが「寝た子を起こすな」という意識も依然根強くあり、それらの意識が絡まり合いながら、部落問題に正面から向き合うことを遠ざける方向に作用している。

たしかに一方では、部落問題のありようの変化を視野に入れることなく一貫して差別の深刻さを強調する硬直した議論や、あるいはまた、職務上否応なしに部落問題に向き合っている人たちが、それをカムフラージュするために、ことさら部落問題の深刻さや重要性を強調するという奇妙な構図が存在してきたことも否めず、そうしたことがかえって部落問題への取り組みや同和教育などに対する反発を生み、部落問題から人びとを遠ざけてきたことも否めないであろう。

しかしながら、日本の近代史が部落問題を内包してきたことは紛れもない事実であり、それを抜きに等身大の日本近代社会の理解・把握はありえないはずである。私は本書を通じてそのことを伝えてきたつもりである。

学校教育や社会教育の場で、具体的な地域を取り上げて部落問題を語るか否かは、それぞれの地域の実情や、また生徒の発達段階などが考慮されてしかるべきである。しかし、部落問題の存在をそもそも伝えるか否かということについては、私には議論の余地のないことに思え、むしろそうした議論が繰り返し行われてきたことに、部落問題の受け止められ方の異常さを感じる。

女性問題はじめ障害者、在日韓国・朝鮮人などのマイノリティについては、部落問題同様かつてより問題自体がますます深刻になったとは必ずしも言えず、いろいろな問題を孕んでいるとはいえ、人権意識の浸透の中で以前に比べて認識も高まり前進した面も大きいにちがいない。しかしながら、それをもってそれぞれの問題について、いまや触れる必要がなくなったという議論は起こってはいない。それどころかますます取り組みが盛んになっている領域も少なくない。そうしたことを考えるとき、何故に部落問題のみが、現状の取り組みへの批判はおろか、歴史からも消去しようとする言説まで飛び交うのか、疑問なしとしない。

また、この地域には部落問題はほとんどないから教育で触れる必要もないというのも巷にあふれる声の一つである。そもそも量的な差異で部落問題の重要性を計れるかという議論もありうるが、それにもまして、その地域に存在しなかったとしても、今日、これだけ人の移動が盛んで、国境さえも容易に越える時代にそのような議論が成り立ちうると考えることに無理があろう。

さらには、これも言い古されてきたことであるのを承知であえて繰り返すが、部落問題に足場をおいて学ぶことにより、そこから、他のマイノリティに向き合う土壌もできてくる側面が少なからずあるということである。北海道だけではなく、本州でもアイヌ民族についての学習が必要であるのと同様、被差別部落が身近に存在するかどうかにかかわりなく、部落問題を学ぶ意味は十分に存在する。

本書は、以上のような問題意識をもって、これまで書いてきたものをベースにしながら、明治維新から現代までをともかくも論じきることに努めた。その意図を読み取っていただき、部落問題に対する理解が広がり、かつ深まることに、微力ながら貢献できれば幸いに思う。

そうした私の意図からすれば、新書という媒体で論じる機会を与えられたことは願ってもないことであり、そのような場をご提供いただいた編集長松井純氏と、そして松井氏とともに本書の編集にご尽力いただいた水野良美氏に、心からお礼を申し上げる。

二〇一〇年一二月

黒川みどり

平凡社ライブラリー版　あとがき

すでに故人となられた松井純氏と、水野良美氏のご尽力で、平凡社新書として刊行していただいてから早一〇余年が経った。その「おわりに」にも書いているように、広く手に取って読んでもらえる通史を書いて部落問題を知ってもらうことは私の念願であった。今回またそれを平凡社ライブラリーに収めていただくというお話を吉田真美氏からいただき、早々に実現の運びとなったことを嬉しく思う。

新書版では、「第五章　戦後から〈いま〉へ」のとくに同対審答申以後は問題史的に述べるにとどまっていたが、今回新たにそれを、もとの第五章の後半の一部を合わせて第六章とし現在までを論じた。それ以外はほぼ最小限の訂正にとどめた。戦後については、いまだ運動や政策についての叙述が不十分であることは否めない。しかし、ともかくも今の私の力を尽くして現代までを書き切り、一つの仕事を終えて肩の荷を下ろしており、そのような中で、少々長いあとがきとなることをお許しいただきたい。

新書版の「おわりに」を読み返してみたところ、一〇余年の間に部落問題をとりまく状況がさほど大きく変化したとも思われず、そこで述べたことはほぼそのまま現時点の思いと重なるが、いくつか気づいたことを述べておきたい。

本書を書いているとき、土肥いつき「すべての人権を「公式な人権」に」（『ふぇみん』第三一六七号、二〇一七年一〇月五日）と題する文章に接した。土肥はいう。「長い間、性的マイノリティは人権問題として認識されなかった。「在日や被差別部落の問題が公式な人権問題だとすれば、性的マイノリティは非公式」」。「かつて自分は、〝公式な問題〟である在日や部落問題がねたましかった」。セクシャル・マイノリティを「人権問題」として認知させるべく努力を続けてきた土肥のその発言を読んで、はっとさせられた。いまやセクシャル・マイノリティの問題は、その〝目新しさ〟もあって人権に関する講演等のテーマの一角を占めている。しかし、そのように認知されるまでには、長く険しい道程があった。そのとき部落問題は、マイノリティのなかの「王道」の位置にあったのである。その折に、どれほどの人びとが、勝ちとった「王道」の地位に安住することなく、セクシャル・マイノリティに目を向けることができていたであろうか。「非公式」の位置に苦しむ人びとの存在をどれほど認識できていたであろうか。それればかりか、「王道」であるがゆえの問題をも抱え込んでしまったことも否定できまい。

「王道」とみなされながらも、あるいは、それゆえにというべき点も含みつつ、その部落問題をとりまく社会の状況はいまだ厳しいと実感する。

私が関わってきた歴史学会ないしはその周辺を見るにつけても、今年、水平社創立一〇〇年を記念する企画が歴史学以外のいろいろなところで相次ぐ中で、歴史学の団体はそれをとり上げることはほぼ皆無に等しかった。また、本論で述べたラムザイヤー論文に対して、歴史学会は慰安婦問題に関しては批判の声をあげたが、部落問題はすっぽりと抜け落ちてしまった。こうしたありようを目の当たりにして、部落問題のなかでも「部落史」という歴史の分野は長らく部落問題研究を牽引してきたはずであるにもかかわらず——あるいはこれまたそれゆえになのか——やはり〃ゲットー化〃から抜け出せないでいることを突きつけられた。

一方で部落史研究も、そのようにアカデミズムと交流しえてこなかったこととも関わるのだが、その在野性ゆえに歴史学という屋台骨のもろさを免れてはいない。ただし、これまた学問的な流儀を身につけていれば事たれりというわけではなく、アカデミズムの〃中〃にいる人びとによって担われながらも、差別への憤りを喪失した研究も、遺憾ながら存在してきたことも事実である。そうした状況にあって、〝在野〟ならではの衝撃力を保ちつつ、近現代史研究を部落問題の観点からいかに揺さぶっていけるかが問われ続けている。

そんなことを考えているときに、満若勇咲《みつわかゆうさく》氏から教えていただいて、藤井智美のエッセイ「もうひとつの坂道」（『統合失調症のひろば』第二〇号、二〇二二年秋）を読んだ。それは、本文でもとり上げた満若監督のドキュメンタリー映画『私のはなし 部落のはなし』を観て、自らの子どもの頃の記憶と重ね合わせて書かれたものである。映画によって呼び起こされた記憶とは、被差別部落のことを「あのへんは、あんまりええことない」と大人たちがいっていたことであった。藤井はいう。

このとてつもなく曖昧で漠然とした表現は、その曖昧さとは裏腹に、明確に子ども心に負のイメージを刷り込んだ。何が「あんまりええことない」のか、「あのへん」とは具体的にどこなのか、問いただしたことは一度もない。あやふやで曖昧なその表現が、決して触れてはいけない「タブー」のように思われ、質問すること自体が憚られるような気持ちにさせられるのだった。

まさに、被差別部落を避け差別する人びとのありようをいい当てていると思った。この「曖昧さ」ゆえに、そこには理屈の入り込む余地がない。私は、その根幹には、当人が意識せずとも本文で明らかにしてきたような差別の構造があると考えているが、被差別部落を遠ざける人びとの意識のありようは、ここに描かれた「あやふやで曖昧な」それそのものなのだ。

理屈を退けるという点では、天皇制も同様である。天皇制も部落差別も「血統主義」である。「あやふやで曖昧な」意識で被差別部落を遠ざけようとする人たちを論理でもって説得することが容易ではないのと同様に、天皇を貴い存在とみなし「タブー」をつくり出す心性も、これまた理屈を超越したところにある。かつて松本治一郎がいった「貴族あれば賤族あり」という構造そのもので、まさに被差別部落と天皇制は人びとの意識のなかにおいて、同一線上の対極にある。

本文で言及した竹内好と基本的な考え方において一致し、竹内を親友と称した丸山眞男が、「ナチの迫害」に遭いその「自己の生活実感や私的内面性に依拠した経験の反省から」抵抗者としての教訓を引き出したルター教会牧師のマルチン・ニーメラーに関して、ニーメラーが「内側」から「外側」に放たれた際の実感の変化について次のように述べた箇所がある。

迫害から守られる側すなわち「内側の圧倒的多数の人間の実感」は、「あの果敢な抵抗者として知られたニーメラーさえ、直接自分の畑に火がつくまでは、やはり「内側の住人」であったということであり、しかもあの言語学者がのべたように、すべてが少しずつ変っていっているときには誰も変っていないとするならば、抵抗すべき「端初」の決断も、歴史的連鎖の「結末」の予想も、はじめから「外側」に身を置かないかぎり実は異常に困難だ、ということなのである。しかもはじめから外側にある者は、まさに外側にいることによって、内側の圧倒的多数の人間の実感とは異ならざるをえないのだ」（傍点引用者）。ところが「異端者」とされてきた「要するにナチの迫害の直接目標になった人間にとっては、同じ世界はこれまで描かれて来たところとまったく異った光景として現われる。それは「みんな幸福そうに見える」どころか、いたるところ憎悪と恐怖に満ち、猜疑と不信の嵐がふきすさぶ荒涼とした世界である。一つ一つの「臨時措置」が大した変化でないどころか、彼等の仲間にはまさに微細な変化がたちまち巨大な波紋となってひろがり、ひとりひとりの全神経はある出来事、ある見聞、ある噂によって、そのたびごとに電流のような衝撃を受ける。日々の生活は緊張と不安のたえまない連続であり、隣人はいつなんどき密告者になり、友人は告発者となり、同志は裏切者に転ずるかも測り難い。ぎらつくような真昼の光の中で一寸先の視界も見失われるかと思えば、その反面どのような密室の壁を通してでも無気味に光る眼が自分の行動を、いや微細な心の動きまでも凝視しているかのようである」（傍点原文、「現代における人間と政治」一九六一年九月、『丸山眞男集』第九巻、岩波書店、一九九六年）。

やや長い引用となったが、これはいうまでもなく「ナチの迫害」という過去の話に終わらない。差別はない／なくなりつつあると思っている「内側の圧倒的多数の人間」と、その「外側」にあって被差別を痛感しその差別が直接に降りかかることに怯える者との間にある感覚の差異をも、そのままいい当てているのではなかろうか。

この「内」と「外」を超えるものこそが、丸山がいうところの「他者感覚」なのである。丸山によれば、「知性の機能とは、つまるところ他者をあくまで他者としながら、しかも他者をその他在において理解することをおいてはありえない」（傍点原文、前掲「現代における人間と政治」）。この点に着目した石田雄《たけし》が指摘するように、「他者感覚」を保持することは、丸山のいう永久革命としての民主主義、不断の精神革命と表裏一体であり、民主主義実現の大前提であると同時に、安易な同一化や無関心のいずれにも陥ることなく「他者」を内在的に理解することそれ自体もまた「永遠の・無限の課題」なのであった（『丸山眞男との対話』みすず書房、二〇〇五年)。

先に述べたセクシャル・マイノリティと被差別部落の問題をつなぐ、それこそが普遍的人権である。当たり前のことのようでありながら、その獲得がいかに困難なことであるか。自分に関わる問題に対して闘うのみでは、普遍的人権にはつながらない。それはまた、すでに述べたような、個々の問題を突きつめず「人権一般」に雲散霧消させてしまうこととも異なる。非当事者が差別はないといい切ってしまうことの暴力性、「他者感覚」の欠如、そのような土壌は日々我々が生きている社会のなかにある。そして我々は、丸山や竹内が変革を希求してやまなかった、「閉じた社会」の根幹にあって普遍主義を妨げてきた天皇制を克服できずにいる。石田がいうように、普遍的人権の獲得は永久革命であり不断の精神革命なのである。

竹内好は、部落問題は沖縄の問題とともに日本の問題を考える上での「カナメ」といい切った。私も、いまだ十分とはいえないまでも、長らく部落史研究に従事してきたことで、私なりに多少なりとも日本の社会をみてきた。その意味でも私は、歴史学を志した者として、部落問題に向き合ってきてよかったと思っている。

ふり返れば、学部の卒業論文で部落問題にとり組んで以来、それは私の研究テーマの柱の一つとなった。その後、大山郁夫にはじまり、内藤湖南、竹内好、丸山眞男などの思想家をも研究対象としてきたが、それもまた私の部落史研究の糧となり、両者は私のなかで不可分のものとなっていった。なかんずく私にそれを強く意識させる存在であったのは竹内と丸山であり、私は、普遍的人権の獲得を求めて、これからも丸山眞男に向き合ってゆきたいと思っている。

こうして私自身の歩みをふり返る際に、記さねばならない私にとっての大きな存在は鹿野政直先生である。学部生のとき、書店の棚に並ぶ先生の著作を購入して読んだが、私は十分にそれを理解できていなかったと思う。一見平易だが実は難解なその文章の前に立ち止まってしまった。その後、直接にご指導をいただく機会に恵まれるなかで、先生の私に対する批判はいつも心に突き刺さった。先生のいわんとすることを理解するために、先生の著作を何度も読んだ記憶がよみがえる。私の部落史研究は、鹿野先生から受けた批判との格闘でもあった。先生が築いてこられた巨大な学問の山を前に、それを十分に理解しえたとはとうていいがたいが、私の部落史研究は、鹿野先生に学んだことによってここに至っている。この場をお借りして改めてお礼を申し上げたい。

最後になったが、本書の執筆にあたり、編集部の吉田真美氏には、的確なご指示とともに終始丁寧にご対応いただいた。心よりお礼を申し上げる。

現代までを書き加えて装いも新たになったことにより、新たな読者にも恵まれて部落問題への理解が広がることを願って擱筆する。

黒川みどり

水平社一〇〇年の年　一一月一九日

参考文献

第一章

飛鳥井雅道『文明開化』岩波新書、一九八五年
阿部安成「養生から衛生へ」『近代日本の文化史』小森陽一ほか編、第四巻、岩波書店、二〇〇二年
池田次郎「解説」『論集 日本文化の起源』五、平凡社、一九七三年
今西一『近代日本の差別と村落』雄山閣、一九九三年
――『文明開化と差別』吉川弘文館、二〇〇一年
上杉聰「解説」『史料集 明治初期被差別部落』部落解放研究所編、解放出版社、一九八六年
――『明治維新と賤民廃止令』解放出版社、一九九〇年
大阪人権歴史資料館編刊『明治維新と「解放令」――被差別部落から明治維新を問う』一九九一年
小熊英二『〈日本人〉の境界――沖縄・アイヌ・台湾・朝鮮　植民地支配から復帰運動まで』新曜社、一九九八年
大日方純夫『近代日本の警察と地域社会』筑摩書房、二〇〇〇年
嘉治隆一編『明治文化資料叢書』第六巻、社会問題編、風間書房、一九六一年

黒川みどり「都市部落への視線――三重県飯南郡鈴止村の場合」『都市下層の社会史』小林丈広編著、解放出版社、二〇〇三年
坂野徹『帝国日本と人類学者 一八八四―一九五二年』勁草書房、二〇〇五年
ジュリア・クセルゴン『自由・平等・清潔――入浴の社会史』鹿島茂訳、河出書房新社、一九九二年
関口寛「初期水平運動と部落民アイデンティティ」『〈眼差される者〉の近代――部落民・都市下層・ハンセン病・エスニシティ』解放出版社、二〇〇七年
原田伴彦ほか監修『近代部落史資料集成』第一―一〇巻、三一書房、一九八四―八六年
部落問題研究所編刊『部落産業の史的分析――三重県上野市八幡部落』一九五七年
M・ボーダッシュ「ナショナリズムの病、衛生学という帝国」上田敦子・榊原理智訳、『現代思想』第二五巻第八号、一九九七年七月
牧原憲夫「文明開化」『岩波講座 日本通史』第一六巻、一九九四年
――『文明国をめざして』〈全集 日本の歴史一三〉小学館、二〇〇八年
町田市立自由民権資料館〈民権ブックス一九〉『山上卓樹・カクと武相のキリスト教』町田市教育委員会、二〇〇六年
吉田栄治郎「大正前半期奈良県の部落調査について」『研究紀要』第五号、奈良県立同和問題関係史料センター、一九九八年三月
渡部直己『日本近代文学と〈差別〉』太田出版、一九九四年

第二章

朝治武「京都・田中部落の改善運動と上田静一」『大阪人権博物館紀要』第九号、二〇〇六年
黒川みどり『被差別部落認識の歴史――異化と同化の間』岩波現代文庫、二〇二一年
――「被差別部落民の由緒の語り」『由緒の比較史』青木書店、二〇一〇年
――「帝国主義成立期の部落問題認識――「習慣ハ第二ノ天性ナリ」――柳瀬勁介『社会外の社会穢多非人』にみる」『佐賀部落解放研究所紀要』第三七号、二〇二〇年三月
小林初枝『おんな三代――関東の被差別部落の暮らしから』朝日選書、一九八一年
阪本清一郎・栗須喜一郎ほか「座談会――水平社創立大会をめぐって」『荊冠の友』八号、一九六七年二月
白石正明「上田静一日誌」『京都部落史研究所紀要』第三・四・五号、京都部落史研究所、一九八三年三月、一九八四年三月、一九八五年三月
――「上田静一小論・親友夜学校と北海道移住」『被差別部落と教員』解放教育史研究会編、明石書店、一九八六年
鈴木良「解説 雑誌『明治之光』とその時代」大和同志会機関誌『明治之光』(下、復刻版)、兵庫部落問題研究所、一九七七年
高木道明「大逆事件と部落問題」『部落問題研究』第二八号、一九七〇年
同志社大学人文科学研究所編『留岡幸助著作集』全四巻、同朋舎、一九七八―八〇年
藤野豊『同和政策の歴史』解放出版社、一九八四年

――「融和団体「帝国公道会」史論」『復刻公道』別巻、西播地域皮多村文書研究会、一九八四年
室田保夫『留岡幸助の研究』不二出版、一九九八年
森長英三郎『禄亭大石誠之助』岩波書店、一九七七年

第三章

朝治武『水平社の原像――部落・差別・解放・運動・組織・人間』解放出版社、二〇〇一年
朝治武・黒川みどり・吉村智博・渡辺俊雄『もっと知りたい部落の歴史 近現代二〇講』解放出版社、二〇〇九年
秋定嘉和「融和運動家として生涯を貫く 山本政夫さんのあゆみと私――没後一周年にあたって」『部落解放』第三七一号、一九九四年三月
違星北斗『コタン――違星北斗遺稿』草風館、一九九五年
大沼保昭「遥かなる人種平等の理想」『国際法、国際連合と日本』大沼編、弘文堂、一九八七年
沖浦和光「日本マルクス主義の一つの里程標」『思想』一九七六年一二月―一九七七年六月
『解放研究』〈特集 第九回全国部落史交流会〉、二〇〇四年三月
「(仮称)水平社歴史館」建設推進委員会編『図説水平社運動』解放出版社、一九九六年
鹿野政直『近代日本の民間学』岩波新書、一九八三年
金仲燮《キムチユンソプ》『衡平運動――朝鮮の被差別民・白丁《ペクチヨン》 その歴史とたたかい』姜東湖《カンドンホ》監修・高正子《コオチヨンジヤ》訳、解放出版社、二〇〇三年

金永大《キムヨンデ》『朝鮮の被差別民衆――「白丁《ペクチョン》」と衡平《コウヘイ》運動』『衡平』翻訳編集委員会編訳、解放出版社、一九八八年
木村京太郎『水平社運動の思い出――悔なき青春』部落問題研究所、一九六八年
黒川みどり「被差別部落と性差別」『近代日本と水平社』秋定嘉和・朝治武編著、解放出版社、二〇〇二年
鈴木裕子『水平線をめざす女たち――婦人水平運動史』ドメス出版、一九八七年
高橋貞樹著・沖浦和光校注『被差別部落一千年史』岩波文庫、一九九二年
ただえみこ『唄で命をつむいで――部落のおばあちゃん、母、そして私』青木書店、二〇〇〇年
中尾健次・黒川みどり『人物でつづる被差別民の歴史』解放出版社、二〇〇四年
中村水名子・坪井和子・多田恵美子の共同研究『被差別部落――その生活と民俗』解放出版社、一九九二年
林宥一「五　民族解放と差別撤廃の動き」『大正デモクラシー』〈近代日本の軌跡四〉金原左門編、吉川弘文館、一九九四年
福田雅子『証言　全国水平社』日本放送出版協会、一九八五年
藤野豊『同和政策の歴史』解放出版社、一九八四年
『部落解放』〈特集　婦人水平社の時代〉第三七一号、一九九四年三月
松尾尊兊『大正デモクラシー』岩波書店、一九七四年
山本政夫『我が部落の歩み』和光クラブ、一九七八年

渡部徹・秋定嘉和編『部落問題・水平運動資料集成』全三巻＋補巻二、三一書房、一九七八年

第四章

朝治武『アジア・太平洋戦争と全国水平社』解放出版社、二〇〇八年
大阪人権博物館編刊『山本政夫著作集』二〇〇八年
川村善二郎「人間平等の信念に徹した生涯――植木徹之助おぼえがき」（初出は、『部落』一九八三年六月掲載、朝熊町歴史史料集編集委員会編『朝熊町歴史史料集・近代編』一九九六年）
――「ファシズム下の部落解放運動――三重県朝熊部落のたたかい」『近現代部落史――再編される差別の構造』黒川みどり・藤野豊編、有志舎、二〇〇九年（初出は、部落問題研究所編刊『近代日本と部落問題』一九七二年、朝熊町歴史史料集編集委員会編『朝熊町歴史史料集・近代編』一九九六年）
黒川みどり「部落差別における人種主義――「人種」から「民族」へ」沖浦和光・寺木伸明・友永健三編『アジアの身分制と差別』解放出版社、二〇〇四年
黒川みどり・宮本正人・今井ひろ子『くらし、たたかい、あしたへ――三重県水平社創立七十周年記念誌』三重県厚生会編刊、一九九二年
坂野徹『帝国日本と人類学者 一八八四―一九五二年』勁草書房、二〇〇五年
高橋幸春『絶望の移民史――満州へ送られた「被差別部落」の記録』毎日新聞社、一九九五年
灘本昌久「高松差別裁判糾弾闘争」『部落解放』第一九八号、一九八三年六月

『部落解放』〈特集 高松差別裁判糾弾闘争七〇周年〉第五二〇号、二〇〇三年七月
『満州移民と被差別部落――融和政策の犠牲となった来民開拓団』大阪人権歴史資料館、一九八九年

第五章

上野千鶴子「戦後女性運動の地政学――「平和」と「女性」のあいだ」『戦後という地政学』〈歴史の描き方②〉西川祐子編、東京大学出版会、二〇〇六年
大阪人権博物館編刊『山本政夫著作集』二〇〇八年
太田恭治「映画、演劇「破戒」と戦後の部落」『戦後部落問題の具体像』大阪人権博物館編刊、一九九七年
語り手上田音市、助言者早川章、聞き手渡辺俊雄「志摩会談の真相」『部落解放』第四二一号、一九九七年五月
京都部落史研究所編『復刻 部落解放人民大会速記録』部落解放同盟京都府連合会、一九八二年
黒川みどり「二つの映画「破戒」に見る戦後の部落問題」『部落解放』第五五三号、二〇〇五年八月
――「映画「人間みな兄弟――部落差別の記録」にみる部落問題の表象」『〈眼差される者〉の近代――部落民・都市下層・ハンセン病・エスニシティ』黒川編著、解放出版社、二〇〇七年
杉之原寿一『現代部落差別の研究』部落問題研究所、一九八三年
杉本弘幸「一九五〇年代「京都」における失業対策事業・女性失対労働者・被差別部落」『日本史研究』第五四七号、二〇〇八年三月

高野眞澄「憲法六〇年と被差別部落の人権保障」『部落解放』第五八一号、二〇〇七年五月
長崎県部落史研究所編『ふるさとは一瞬に消えた——長崎・浦上町の被爆といま』長崎人権研究所、一九九五年
『南原繁著作集』九巻、岩波書店、一九七三年
濱口亜紀「部落解放全国婦人集会の開催とその意義」『大阪人権博物館紀要』第五号、二〇〇一年
平野一郎『オール・ロマンス事件——差別行政の糾弾闘争』〈人権ブックレット一二〉解放出版社、一九八八年
広島県同和教育研究協議会編刊『広同教三十年史』一九八四年
広島県部落解放研究所編『実践同和教育論』亜紀書房、一九七七年
部落解放研究所編刊『資料 戦後同和教育史』一九七八年
——『資料 戦後部落解放運動史』一九七九年
——『資料 戦後同和行政史』一九七九年
——『資料 占領期の部落問題』一九九一年
——『部落の歴史と解放運動 現代篇』一九九七年
——『部落問題解決過程の研究』第一巻〈歴史篇〉二〇一〇年
部落解放同盟中央本部編『差別を〝商う〟もの』解放出版社、一九七六年
松本治一郎『部落解放への三十年』近代思想社、一九四八年
丸山眞男「超国家主義の論理と心理」一九四六年『増補版 現代政治の思想と行動』未來社、一九六四

年
宮武利正『「破戒」百年物語』解放出版社、二〇〇七年
宮村治雄「戦後天皇制論の諸相——「自由」の内面化をめぐって」〈戦後日本——占領と戦後改革〉第三巻『戦後思想と社会意識』岩波書店、一九九五年
村山知義「「破戒」脚色・演出覚え書き」『戯曲破戒』河童書房、一九四八年
盛田嘉徳「同和教育について」『部落問題研究』第一巻第五号、一九四九年
門田秀夫『全国同和教育運動五十年の原点に学ぶ——教育実践の道筋と分裂を克服した教育運動』明石書店、二〇〇三年
野洲町部落史編さん委員会・京都部落史研究所編『野洲の部落史 通史編・史料編』二〇〇〇年
和辻哲郎『国民統合の象徴』勁草書房、一九四八年

第六章

朝治武・黒川みどり・関口寛・藤野豊『「水平社伝説」からの解放』かもがわ出版、二〇〇二年
池田喬・古手川正二郎「「人種化する知覚」の何が問題なのか?」『思想』第一一六九号、二〇二一年九月
魚住昭『野中広務——差別と権力』講談社、二〇〇四年（講談社文庫、二〇〇六年）
鵜飼哲ほか著『レイシズム・スタディーズ序説』以文社、二〇一二年
片岡明幸「ラムザイヤーの理論と政治的背景」『部落解放』第八〇九号、二〇二一年八月

鎌田慧『狭山事件――石川一雄、四十一年目の真実』草思社、二〇〇四年（『狭山事件の真実』岩波現代文庫、二〇一〇年）
金静美《キムチョンミ》『水平運動史研究――民族差別批判』現代企画室、一九九四年
黒川みどり〈展示批評〉「大阪人権博物館の総合展示について」『広報誌リバティ』第三三号、大阪人権博物館、二〇〇六年四月一日
――「千葉県の戦後被差別部落の生活と運動」『千葉県史研究』第一七号、二〇〇九年
――『描かれた被差別部落――映画の中の自画像と他者像』岩波書店、二〇一一年
――「「市民」になる／「市民」をつくる」樋口映美・貴堂嘉之・日暮美奈子編『〈近代規範〉の社会史――都市・身体・国家』彩流社、二〇一三年
――「部落問題の「無化」を問う――水平社百年を前にして」（一）―（四）『解放新聞埼玉』二〇二一年八月一五日・九月一日・九月一五日・一〇月一日
黒川みどり・山田智『評伝 竹内好――その思想と生涯』有志舎、二〇二〇年
小林茂・秋定嘉和編『部落史研究ハンドブック』雄山閣出版、一九八九年
全国大学同和教育研究協議会編刊『部落解放と大学教育』第二五号、二〇一二年三月
高澤秀次『評伝 中上健次』集英社、一九九八年
『竹内好全集』全一七巻、筑摩書房、一九八〇―八二年
友永健三『平和・人権・平等への道』解放出版社、一九八四年
『中上健次全集』全一五巻、集英社、一九九五―九六年

『中上健次発言集成』全六巻、第三文明社、一九九五―九九年
野中広務・辛淑玉『差別と日本人』角川書店、二〇〇九年
部落解放同盟中央本部編刊『「地対協」基本問題検討部会報告に対する抗議声明とわが同盟の見解』一九八六年
部落解放同盟中央本部編『被差別部落アウティングNO!――「全国部落調査」復刻版裁判の東京地裁判決をめぐって』解放出版社、二〇二二年
宮崎学・小林健治『橋下徹現象と部落差別』にんげん出版、二〇一二年
山本崇記『差別研究の現代的展開――理論・規制・回復をめぐる社会学』日本評論社、二〇二二年
尹健次『日本国民論――近代日本のアイデンティティ』筑摩書房、一九九七年
渡辺俊雄「部落史の転換」『現代思想』一九九九年二月
アクティブ・ミュージアム 女たちの戦争と平和資料館「ハーバード大学 ラムザイヤー教授問題に関するリンク集」https://wam-peace.org/ianfu-topics/8777
George De Vos and Hiroshi Wagatsuma, "*Japan's Invisible Race: Caste in Culture and Personality*", University of California Press: Berkeley and Los Angeles; and Cambridge University Press: London, 1966.

[著者]
黒川みどり（くろかわ・みどり）
早稲田大学第一文学部日本史学専攻卒業。博士（文学）。現在、静岡大学教育学部教授。著書に『共同性の復権——大山郁夫研究』（信山社）、『地域史のなかの部落問題——近代三重の場合』（解放出版社）、『描かれた被差別部落——映画の中の自画像と他者像』（岩波書店）、『創られた「人種」——部落差別と人種主義』（有志舎）、『被差別部落認識の歴史——異化と同化の間』（岩波現代文庫）、共著に『評伝 竹内好——その思想と生涯』（有志舎）、『人間に光あれ——日本近代史のなかの水平社』（六花出版）などがある。

平凡社ライブラリー 938
増補《ぞうほ》 近代部落史《きんだいぶらくし》 明治《めいじ》から現代《げんだい》まで

発行日…………2023年1月10日　初版第1刷

著者……………黒川みどり
発行者…………下中美都
発行所…………株式会社平凡社
〒101-0051　東京都千代田区神田神保町3-29
電話　(03)3230-6579［編集］
(03)3230-6573［営業］

印刷・製本……中央精版印刷株式会社
ＤＴＰ…………平凡社制作
装幀……………中垣信夫

ISBN978-4-582-76938-8

平凡社ホームページ https://www.heibonsha.co.jp/